我們誠意將此書

呈獻給我們最親愛、最感激的父母，

威廉·索納貝爾提

（William G. Zonnebelt）

與

諾爾瑪·索納貝爾提

（Norma J. Zonnebelt）

他們在我們的生命中

佔有舉足輕重的地位，

他們讓我們經歷到

愛可以如此豐富，

支持可以如此深廣，

鼓勵可以如此有力。

這些都是難得的經驗。

靈修著作精選

當我所愛的人離去了

如何在至愛離世後重新生活

| 二版 |

蘇珊·索納貝爾提、羅伯特·德弗里斯 著

蔣雅利 譯

基道出版社

▼

靈修著作精選

當我所愛的人離去了

如何在至愛離世後重新生活

Traveling through Grief

Learning to Live Again after the Death of a Loved One

作者

蘇珊·索納貝爾提 Susan J. Zonnebelt-Smeenge
羅伯特·德弗里斯 Robert C. DeVries

譯者

蔣雅利

責任編輯

羅慧琪

裝幀設計

奇文雲海·設計顧問

■

出版／發行

基道出版社
香港沙田火炭坳背灣街 26 號富騰工業中心 10 樓 1011 室
LOGOS PUBLISHERS
Unit 1011, 10/F, Fo Tan Ind. Centre, 26 Au Pui Wan St., Shatin, Hong Kong
電話：(852) 2687-0331 傳真：(852) 2687-0281
網址：https://www.logos.com.hk

承印

陽光（彩美）印刷有限公司

●

2/2008 初版 8/2020 二版
Cat. No. LP630-2
ISBN: 978-962-457-351-0

Originally published in English under the title *Traveling Through Grief*
by Baker Books, a division of Baker Publishing Group,
Grand Rapids, Michigan, 49516, U.S.A.

Printed in Hong Kong

刷次	12	11	10	9	8	7	6	5	4	3
年份	2033	2032	2031	2030	2029	2028	2027	2026	2025	2024

致謝

要找適合的說話去幫助和安慰哀傷的人，一點都不容易。當人們面對死亡時，他們的反應往往是：「我不知道要說些甚麼！」所以，我們希望說些對你有幫助的話，而這本書就正好提供一個途徑，讓我們講述哀傷旅程。這些文字固然是出自我們，也有其他人為我們看稿子，按照他們的專業知識和角度，給我們提意見。

我們的父母貝爾提（Bill and Norma Zonnebelt），以及我們現職教師的女兒莎拉．伯德（Sarah Byrd），都有讀過這本書，以過來人及將來的哀傷者的角色，確定我們所用的文字清楚易明，而且語調謹慎而親切。

帕特理夏・卡斯爾（Patricia Cassell）是位護士及社工，衛多（C. J. Weidaw）是位護士和心理學家，他倆都是我們的朋友，而且替我們審閱定稿，提出編輯及輔導上的洞見。道格和加羅爾・路德（Doug and Carol Luther）跟我們一同在年少寡婦支持小組中作協作員，加露也是大急流村寡居人士中心的前任總幹事。他們都曾經歷哀傷，又具備專業知識，不吝嗇與我們分享他們對哀傷的深切體會和認識。

我們亦趁此機會感謝高級策劃編輯鮑勃・霍薩克（Bob Hosack）信任我們著作的素質，感謝普及版助理責任編輯基里斯汀・科爾魯利耶（Kristin Kornoelje）幫助我們修改文稿，確保文字更加清晰易讀。我們亦特別感謝 Baker Publishing Group 的全體人員，他們一直支持我們出版關於臨終、死亡和哀傷的書籍。縱然這些往往不是人們最願意看的題目，我們很欣賞的是，Baker 仍然就人生最痛苦的兩大範疇——臨終與哀傷，致力教育公眾，給予支持。

蘇珊．索納貝爾提（Susan J. Zonnebelt-Smeenge）

羅伯特．德弗里斯（Robert C. DeVries）

目錄

序

要為那些因至愛離世而傷心欲絕的人寫一本書，對他們的頭腦和心說話，實在是極大的挑戰。我倆在首任配偶離世時，在兄弟和祖父母過身時，以及羅伯特在父母離世時，都曾經過傷心欲絕、肝腸寸斷的時候。有些人想要明瞭哀傷的旅程，另外有一些人只是專注在哀傷情緒上。可是，仍有些人嘗試逃避哀傷——乾脆跑掉或是躲避它那具破壞性的力量。對我們來說，這當中的挑戰不僅是要對被哀傷撕裂的人的心說話，乃是也要對他們的頭腦說話。因為我們堅信，哀傷的人如果要得著醫治的話，就必須要主動及刻意地處理哀傷。我們盼望能夠説一些有助復原的話，以及拋下一個審視生命的眼光，以致那人**走過**哀傷旅程時，可以重新發現生命的豐盛和美好。

閱讀一本關於哀傷的書，可以是頗為困難的事，因為書中總會迫使你處理一些「難事」。如果你正在哀傷，我們鼓勵你按需要看看這本小書，這書分為容易消化的部分，盼望給你正面的人生觀之餘，也提供一些建議，幫助你應付哀傷。這書在多方面皆適用，例如是一段重要的關係或婚姻結束、失業、病患、痛失寵物——這些叫你心痛又影響你生命的事情。可是，這書的主旨，是集中處理至愛離世，至於其他範疇，我們則留待讀者自行去應用這些原則和建議了。

我們另外也寫了三本關於臨終、死亡和哀傷的書。《到哀傷的彼岸——如何治愈喪偶之痛》（*Getting to the Other Side of Grief: Overcoming the Loss of a Spouse*）談到喪偶後的一段哀傷旅程。《空椅——在假日和特別日子應付哀傷》（*The Empty Chair: Handling Grief on Holidays and Special Occasions*）比較短，集中講述在例如是聖

誕節、生辰、死忌的日子或其他特別的時間，也就是我們尤其意識到至愛不在身邊的時候，可以如何應付。而第三本書《在死亡的陰霾下活出光采——美好終結的確據和指引》（*Living Fully in the Shadow of Death: Assurance and Guidance to Finish Well*），則是處理預備死亡的需要，無論這人是健康或患病、年幼抑或年老。這本書提供全面的指引，教導一個人在情感上、關係上、醫藥上、經濟上、法律上及靈性上如何作好準備，面對死亡。而現在你手上的這本書，是我們的著作中關於死亡和喪親系列的一本，作為至愛離世後處理哀傷的資源。至愛可以是指父母、子女、配偶、祖父母或友人。

就像我們的其他著作一樣，在這書中，每部分均分為精神健康和基督教屬靈的層面，我們從兩個角度來處理不同的題目。大部分讀者會想把全書的兩個對等部分讀完，然而，即使那些不欲看基督教默想部分的人，也能從精神健康層面那部分得益。蘇珊是美國密歇根州大急流村（Grand Rapids, Michigan）悲傷休歇基督教精神健康中心（Pine Rest Christian Mental

Health Services） 的註冊臨牀心理學家，而羅伯特則是位牧師，以及美國密歇根州大急流村的加爾文神學院（Calvin Theological Seminary）教會教育部的榮譽教授。我們的首任配偶分別於一九九四和一九九三年離世後，我們在一九九七年結婚，家庭中有四個長大成人的孩子和他們的配偶，還有五個孫兒。

「死亡，如火一樣，破壞，毀滅。過後不留一點痕迹，只有一點灰燼。地標都給毀壞。無助感籠罩。我們不肯定是否能再找到方向。我們該如何在這黑暗中航行呢？」[1]

「哀傷好像海浪一樣把你吞噬，以無法想像的力量把你壓碎，把你捲入黑暗之中，你在當中墜落、撞向不明之處，然後被拋上不知名的海灘，瘀傷、變形、不知不覺因著磨損變得更好……哀傷會造一個全新的你，倘若它沒有在過程中把你弄死的話。」[2]

1

前面要繞道！

精神健康層面

不好了！繞道！哀傷使我的人生路要改道

人生是一個旅程。我們出生、活著、死亡。我們正往某處進發。我們有目標和目的，並需要某種路線圖來達到這些目標。我們早上起來，就會為這一天計劃。我們會為每週和未來幾個月定立目標。我們簽署三十年的抵押，是因為有信心工作可以帶來收入，自己仍然會健康，以致我們能夠達到目標，過安舒的生活。

但世事偶爾會有差池。我們的路線要更改。有些事會發生，打亂我們的計劃。經濟衰退危及我們的工作。關係轉變。婚姻會失敗。我們經歷失去，因此要改變計劃、調校目標。這旅程有變數；面對繞道，我們需要適應。研究員指出，至愛的離世，可能是我們在人生中需作出最大的適應。這本書集中於至愛離世後的哀傷（雖然其中很多原則也能應用於失去其他東西的情況），這哀傷怎樣改變你的人生旅程，這哀傷的經驗是怎麼樣的，以及你可以怎樣善用這稱為哀傷、被迫上的繞道，發展出一個經修訂的生命進程，以致生命重新變得豐盛和有益處。

你失去至愛後，很自然會感到哀傷，這哀傷會在你的人生旅程中，開闢一條主要的繞道。生命的終結，就是你為至愛離世而哀傷的開始。或許你會對自己說：「我已經一直在哀傷了！」因為你所愛的人是經歷長期病患而死的。在垂危者旁邊的至愛，會為垂危者失去某些能力而哀傷，因為他不再能夠做一些從前能做的事。我們強調，為至愛失去能力而哀傷，並不代表在那人真正去世後，我們就不會哀傷。只有當一個人真正離開世界，旁人才能為他肉身的不在而哀傷。

哀傷並不會待你在至愛死後向它發出邀請，才進入你的生命。那是自然而然、隨時隨地發生的。現在，隨著你的至愛離世，你**被迫**繞道而行，不能按照你原定的路線。你一般不會選擇一條明知要繞道的路。你可能會不惜工本，為要避過繞道。在這本書中，我們將你的生命比擬為旅途，而現在，隨著你至愛的死亡，你被迫要走上哀傷的繞道。

哀傷為甚麼會出現?

為甚麼當有人離世就會產生哀傷呢？這裏有三個基本的原因，解釋為何這哀傷的經驗會臨到你：

1 **因為你愛那個人。**愛一個人表示你喜歡他或她，深切關顧那個人，並且希望這關係與感受是對等的。你們熟悉對方——知道對方內心深處的事情。

2 **因為你與那個人建立了關係。**你或許與那人經歷某種情感上的交纏——他或她以往是一個你可以依靠、與你連繫的人。你可能在這段關係中曾付出和接受許多東西。也許你會掛念一些肉體方面的事——諸如擁抱和接觸，又若你已結婚的話，也許會懷念二人間的性關係。即或你們的關係未必是最健康或最令人滿意的，也不代表你不會哀傷。你仍然會感到有所失去。

3 **因為你一部分的生活方式受著你所愛的人的存在所影響。**你不單是為那人的離世而哀傷，而且也是為你與那人一起的生活告終而難過。這包括所有你們一起做過的事，以及任何因著有那人在你生命中而發生的事。無論那人在你生命中扮演甚麼角色，現在你必須要承認，在你生命中涉及那人的範疇，將會產生戲劇性的變化。

我怎樣可以脱離這傷痛回復「正常」呢？

處理哀傷時，你需要**主動而刻意地作出決定**，去面對喪親的傷痛。我們驚覺，原來很多人似乎任由哀傷侵襲他們，然後被動地等待，以為甚麼也不用作，哀傷就會慢慢終止。我們認為，這是因為他們不知要做些甚麼。我們希望以自己的親身經驗和就哀傷過程的專業意見，幫助你**處理**哀傷。

比方說，某個人跌斷了腿，會感到痛楚。這人沒有決定要經歷痛楚——那是自然而來的。當至愛離世，哀傷的痛楚也是如此自然而來。然而，正如身體受傷的痛楚固然會驅使人去做點事（例如是看醫生、吃止痛藥、打石膏、或者做手術），希望哀傷的痛楚同樣會推動你去做一些事，幫助你走過哀傷的過程。

這本書的基本假設是，哀傷的人有必要**刻意地**參與健康而有幫助的活動，對付他們的哀傷，以致能夠經過哀傷，重新發現豐盛的生命。時間的流逝固然是哀傷過程的必要元素，但單靠它卻不足夠。健康的哀傷是需要**謹慎而刻意的行動**，加上**時間**，才能叫一個人在至愛死亡後有效地復原。

隨著至愛離世，那種哀傷常常會漫過你，就像強勢的浪，把你吞噬到最深處，令你覺得再無甚麼餘下的——熟悉的地標都沒有了，失去了繼續前行的理由。這裏要處理的，是既不可擋又痛苦的經驗，所以，我們希望你能清楚明白多一點，知道自己的哀傷看起來和感覺起來大概會是怎樣的。這哀傷的旅程常被形容為是漫長的，最終能引到積極的方向，然而，期間會夾雜一些「低潮」和「低谷」，像是倒退了一步。要記著，哀傷並不是持續直線向上的過程，而是更像海面上的波浪——隨著暴風雨、風和潮汐的轉變，海浪就前後翻湧。哀傷需要**最少**一年才完結，更有可能是需要多幾年時間。那是因為要認識失去至愛後的自己，得花些時間和下點苦功的。

你哀傷的過程是獨一無二的，沒有一種固定的方法去哀傷，因為與其他人相比，你生命中有許多個人的因素，例如你自己和已逝至愛的性格，你們之間的關係，至愛經歷怎麼樣的死亡，你現時個人生活的環境，以及你何時開始著手處理哀傷。然而，撇除你個人生活的所有情況，在哀傷的繞道上，仍然很可能遇到五個哀傷的常見元素。研究清楚顯示，哀傷的經驗在幾乎所有人身上，都會引發以下五個範疇的反應。

1 **身體上的。**在飲食和運動的習慣上會有轉變，而且往往對兩者都喪失意慾。睡眠也漸漸出現問題，常常因思念已逝者而睡不安寧。喪親的人常常更容易患病，甚至死亡，因為失去至愛的壓力，加上哀傷在身體及情緒上的消耗，使人的免疫系統減弱。由此可見，好好照顧自己是十分重要的。

2 **情緒上的。**一個哀傷的人常常會經歷情緒氾濫，其中當然包括傷感，此外也有憤怒、恐懼、焦慮、內疚、後悔、釋放、寂寞，百感交集，其中許多似乎都是勢不可擋的，而且令人煩惱。

3 **認知上的。**一個人思想的方式通常也會受哀傷影響。有些人會作出衝動的決定，另一些人完全不能作決定。等待至少一年後才作重大的決定，這建議是有根有據的。記憶會混亂，尤其短期記憶；一個人可能下一分鐘已忘了剛才準備要做些甚麼，或誰曾來電。專注和集中的能力常常受到影響。這種種因素綜合起來，就令人害怕喪親者會「瘋了」。

4 **行為上的。**慣常的行為模式會受到影響。有人的行為會從一個極端走到另一個極端。例如，他或她可能會拒絕離家，或是堅拒回家。這人回到工作崗位，可能會感到艱難，或是完全埋首工作，企圖分散對哀傷經驗的注意力。喪親的人可能會失去動力，不想履行日常的家務，例如是拆信或洗衣。漠不關心、抽離和拖延也常常發生。

5 **靈性上的。**隨著至愛的離世，自然會引發許多問題，令人反思一個人的精神信仰和生命中的持續目標。即使一個人並不特別虔誠，死亡也會迫使他或她審視對死後生命的信念。如果喪親的人有活潑的信仰，那麼這信仰可能會被試驗、改變或確立，端視乎許多常問的問題，其中包括為何上帝容讓這事發生。

善用哀傷的任務來處理你的喪親傷痛

死亡當然打亂生命的計劃。你們本來打算在退休後安享晚年，又或盼望看著孩子長大，擁有事業和家庭，現在統統都成空了。或者你會覺得自己好像一個沒有父母的孤兒（即使你已是成年人），或許你會掛念兄弟姊妹或好友的友愛和忠誠。這並不是你在人生旅程上一直期望或刻意營造的。你如何可以在這不想要的繞道上盡量得益？你會怎樣處理這叫哀傷的東西？

當你繼續閱讀這本書，我們會介紹五項「任務」，幫助你透過這哀傷繞道，重整你的旅程。就像醫生會用盡方法去醫治一條受傷的腿一樣，這些任務合起來，會幫助你去思想和做一些事，以健康的方法處理哀傷，使你能開始醫治和重整生命路線。

那麼，我們所謂的「任務」是甚麼意思呢？它們可以怎樣幫忙？我們刻意使用**任務**這個詞（就如許多研究哀傷的人），[3] 因為那代表「要完成的事情」。你可能是那種會列出要做的事的人。你完成一項，刪掉，再移至下一項。這些任務可能是互相牽連的，彼此卻又沒有特定的次序。它們只是一些需要在某些時間完成的事情。

哀傷的任務就是類似那樣。一個人要在至愛（不論是配偶、父母、兄弟姊妹、孩子或朋友）離世後走過哀傷的過程，進入完全、健康及豐盛的生命，必須完成或經驗過這些任務，就是五個互相關連的目標。它們並沒有特定的次序，不是完成了一項才可以開始另一項。事實上，它們的關係千絲萬縷，就像優秀的交響樂團一樣，在完成這項任務的一部分時，同時也完成另一項任務的一部分了。它們並不是那種可以很快完成或一下子全部完成的——這些任務在你的哀傷過程中是不可或缺的。

這哀傷的過程就好像在砌一幅複雜的拼圖。有多少個人去砌，就可以用多少種不同的方法完成。然而，也**有**一些圖塊是與其他圖塊有特定關係的。只有當整幅拼圖完成了，那人才可安坐，欣賞整幅圖畫，稱這是完成了。這在哀傷過程中也合用——這是個人的旅程，可還要有五項特定的任務，各有相應的行為，是你需要處理以幫助你在哀傷繞道上前行。

那麼，這些治療哀傷所需的任務又是甚麼呢？

◆ **第一**，你需要接受你的至愛已經離世，而且沒法回來這事實。這看來可能很明顯，可是，在情感上接受這至愛離世的事實，可以是個很大的轉變。

- **第二，**你需要把所有與至愛離世有關的情緒發洩出來。把情緒「鎖在」裏頭會令你的哀傷旅程更加複雜。
- **第三，**你需要整理及確認你與至愛的回憶，找個地方安頓它們，才可以開始繼續上路。這項任務基本的意思是，由於至愛已不在人間——不再是你正在進行的旅程上一個有生氣而活躍的部分——你需要把他或她撥入為生命中的一個重要而豐富的回憶。
- **第四，**確認自己在你的已逝至愛以外的獨立身分。如果你經歷雙親俱亡，你現在是否一個孤兒？如果一個孩子過世，你會如何回答「你有多少個孩子」這問題？當配偶離世，你是否已婚？抑或是鰥寡？還是單身？重新確認你的身分意識，是哀傷旅程上極其重要的範疇。
- **最後，**這哀傷繞道是要你重新投入在生命中，以致能夠配合重新模造的身分意識——這決定了你自己在生命這一刻的個人興趣和慾望。

這五項任務合起來，能幫助你以健康而令人滿意的方法，走到哀傷的另一頭。在以下的章節中，我們會仔細解釋每一項任務，那麼你就知道如何行出來，從而得著醫治。

屬靈層面

前面要繞道——上帝在哪裏？

創世記二章16至17節：「園中各樣樹上的果子，你可以隨意吃，只是分別善惡樹上的果子，你不可吃，因為你吃的日子必定死！」

上帝是造成一個人的死亡，抑或是准許呢？這兩者之間有甚麼分別？為甚麼壞事會發生在基督徒身上？

你有沒有曾經幻想過伊甸園就好像屬天的餐前小菜？上帝創造了各種水果和蔬菜，放在伊甸園中，把手一揮，跟亞當夏娃説：「去吧，盡情吃。這些全是你們的。吃得飽飽的吧！」可能在至愛離世之前，你覺得生命就是那麼蒙恩。即使你曾有些掙扎，但仍然感到滿足，因為你被前面道路的異象所激勵。可是，上帝在對亞當夏娃説話時，加上一個條件。「只是不要吃那邊一棵樹的果子！你們有數以百計的選擇，惟有這樹是禁止的。你們吃它的果子，就必定死。」可他們仍向引誘屈服，吃了禁果，死亡就成了事實。

為了要明白至愛的死亡，你實在需要理解創世記這個故事。説穿了，上帝定立規則不准我們吃這樹的果子，並**不是要**我們死。按著本性，上帝固然是一位仁愛施憐憫的上帝，但祂也是位公義的上帝。祂愛祂的創造物，而其中最愛的，就是亞當和夏娃。然而，祂也創造了世界和人類，其中有某些律例與規則要遵行。上帝給亞當和夏娃一條命令，就是不可吃園中一棵樹上的果子。如果他們違背的話，結果就是死亡。這是危險物質瓶上的警告牌：如果你吃，就會死。上帝不是這故事中的反派，祂是一個英雄。雖然上帝已經警告亞當和夏娃，但他們仍然執意而行，而且他們（作為我們肉身的先祖）亦禍及我們。

可能你正懷疑，至愛的離世是因為做錯事或犯了罪而得到的直接懲罰。這應該不是實情。沒錯，我們每個人都犯了罪，需要悔改。然而，至愛離世的最根本原因是，我們每一個都要死。由於亞當和夏娃犯了罪，我們全人類統統都受關係破裂之苦。

本來我們每一個人都將要經歷肉身的死亡。可是，上帝介入了。在創世記三章15節祂應許女人的「後裔」要傷蛇的頭，意思是將有勝過死亡的！雖然死亡並不是上帝原先創造的一部分，可是罪一日進入了世界，上帝就透過耶穌基督的死亡和復活，最終戰勝死亡（林前十五54）。

現在，繞道仍在你眼前。死亡就在這裏等著你——至少直至基督回來。而隨死亡而來的就是哀傷。可是，盼望你到墳墓時，能夠想起門徒在復活節早上到基督空墳的情景。雖然至愛的身軀埋在地下，但因基督復活的緣故，那些已信主的人已經與上帝同在了。從那真理中得著安慰吧。

禱告：親愛的主，亞當夏娃那麼多年前所犯的錯，使我今天要如此受苦，這似乎並不公平。然而，耶穌為著世上我們所有人的罪而釘身十架，同樣不見得公平。當我仍在這哀傷繞道時，求祢幫助我注目於祂的得勝。阿們。

薄弱的信心與芥菜種

創世記二章18節：「耶和華上帝說：『那人獨居不好，我要為他造一個配偶幫助他。』」

馬太福音十七章20節：「我實在告訴你們，你們若有信心，像一粒芥菜種，就是對這座山說：『你從這邊挪到那邊』，它也必挪去；並且你們沒有一件不能做的事了。」

為甚麼上帝准許我如此受苦？在我哀傷的時候，怎樣

可以仍然對上帝有信心？要走過這段哀傷的路程，我需要多少信心？

上帝創造我們，讓我們在生命中有特別的關係。創世故事中講及上帝如何創造亞當和夏娃，讓他們彼此有親密的關係。上帝也讓他們與自己有美妙親密的關係——親密得與上帝在涼風中行走（創三8）。然後，那事就發生了。他們不服從上帝的吩咐，結果帶來死亡。死亡斷絕一段關係，叫人感到哀傷。當一個你愛的人死了，你深深地受到傷害，因為你曾經與這人在情感上有連繫。你懷念他和她的笑聲、洞察力、同在和伴隨。沒有人將取替這人在你生命中的位置。

然而，這死亡也很可能影響你與上帝的關係。在某些方面，你可能會感受到祂與你很親近，在另一些方面，上帝又似乎很遙遠。亞當和夏娃在犯罪後害怕上帝。他們聽見上帝來了，就躲在園裏的樹木中（創三8）。你或許同樣想要躲藏起來，或者至少不想與祂同在。祈禱可能很困難。你想要做的，就只是揮拳打上帝，質問祂為何准許這事發生在你身上，這在你哀傷的早期尤為明顯。要知道，哀傷者往往會因為對上帝懷有負面情緒，而感到日子很難熬。他們質疑祂既是慈愛的上帝，怎可能准許這事發生。或者他們會暫時不理會祂。

要記著，在亞當與夏娃的數以千萬年後，我們發現耶穌（第二個亞當）說過，只要有小小的信心，或許就如你現在的信心——小如芥菜種——但藉著它就能挪移大山。即使你受到傷害或對上帝懷怒，盼望你仍然有那信心的種子在你裏頭。你仍然相信上帝就在那裏。你可能是相信的，因為你仍然與祂對話，不斷問：「為甚麼？」「為何是現在？」「為甚麼是他或她？」

你並不需要像聖人一樣，才能走過哀傷。身為一個基督徒，你仍然可以質疑或不明白為何上帝准許這一切發生。由於上帝是公義和聖潔的，死亡是一個必然的結局——你可能不喜歡聽這個答案。然而，在你的內心深處，你需要的就只是一粒種子。一粒小小的芥菜種。上帝應許你，你至終必能挪移這哀傷的大山，在這繞道的盡頭，充充足足及滿有信心地重新投入在生命當中。要知道，祂已在這個過程中，伴隨你左右。

禱告： 親愛的主，請祢搜尋我的內心，找出信心，即或現在它是何等微小——就如一粒看來沒多大潛力的芥菜種。以祢的聖靈澆灌它，幫助它茁壯成長，以致我可以把這哀傷的大山挪移到另一邊。阿們。

主啊，我要哀傷多久呢？

詩篇十三篇1節：「耶和華啊，你忘記我要到幾時呢？要到永遠嗎？你掩面不顧我要到幾時呢？」

帖撒羅尼迦前書四章13節：「論到睡了的人，我們不願意弟兄們不知道，恐怕你們憂傷，像那些沒有指望的人一樣。」

我身為一個基督徒可以哀傷嗎？這哀傷的痛苦會維持多久？我不能乾脆把我的哀傷交給上帝，讓祂處理

嗎？還是我也需要做點事？

等待是困難的，尤其當你正在等待從痛苦中得釋放，又或在塞車中等待，又或在等待兒子或女兒來電。更加困難的是，等待哀傷的痛苦沉澱。有時，這哀傷好像沒有終結似的。大衛王覺得上帝似乎離棄了他。你可能也身同感受。聽聽大衛的說話，看看它們是否就像你所說的話：

> 耶和華啊，你忘記我要到幾時呢？要到永遠嗎？你掩面不顧我要到幾時呢？我心裏籌算，終日愁苦，要到幾時呢？我的仇敵升高壓制我，要到幾時呢？耶和華——我的上帝啊，求你看顧我，應允我！使我眼目光明，免得我沉睡至死。
>
> **詩篇十三篇1至3節**

當我們被哀傷籠罩，很自然會向上帝呼叫：「要到幾時呢？主啊，要到幾時呢？」

可是，大衛並不是單單呼求或投訴。在第3、4節，他開始與上帝辯論。他知道上帝曾經對他作出應許，因此他現在只是挑戰上帝信守應許，以致所有看見他的人（他的「敵人」）都找不著原因去嘲笑他。如果你與上帝的第一個對話是「要到幾時呢？」，那麼這詩篇就建議你下一句該說：「你曾應許！」在哀傷的繞道上，上帝曾經應許過你甚麼呢？**第一**，上帝應許，無論路程上包含甚麼，或者會維持多久，祂都會全程與你同行。記著詩篇二十三篇4節：「我雖然行過死蔭的幽谷……你與我同在。」留意它說你**實在**行過幽谷，上帝卻與你同在。**第二**，上帝應許給你有盼望。你仍然要走**過**幽谷，那是無可避免的。你的的確確是哀傷，卻滿有盼望（帖前四13）。那是基督徒與非基督徒在哀傷過程中的基本差異。哥林多前書十五章54節告訴我們，基督最終的得勝會吞噬死亡。那就是死亡——可怕的分離。然而，死亡卻不是全部。最終，得勝——永生——是給所有信徒的應許。因此，不單對將來抱有盼望，現在也一樣，並且要相信上帝的應許，祂必全程與你同在——即或是在哀傷的繞道上。

現在，大衛最後在第5、6節與上帝對話：「我仍然信靠你！」此刻要那樣說可能很困難。你所喊求的或許仍是：「主啊，要到幾時呢？」然而，在呼喊的同時，記著上帝的應許——祂同在、盼望和最終得勝的應許。那麼你的信心就可增長，能夠再說：「主啊，我信靠祢！我真的信靠祢。」

禱告：主啊，要到幾時呢？這哀傷還要折磨我到幾時呢？祢曾應許永不會撇下我。重燃我的盼望，給我明日的異象及今天的支持。我的盼望和信心仍在祢裏面，就能慢慢地經過這艱難的幽谷。阿們。

2

你的旅程上沒有回頭路

精神健康層面

哀傷繞道——接受死亡的現實

處理哀傷的第一項任務，是你要**承認及接受至愛已經離世並不能再回來的事實。**你或許可以在頭腦上理解至愛的死亡，可是在情感上，你卻發現，自己在走進屋子時會想找那人，或者想致電告訴他或她當天發生的事。你渴想至愛仍在身邊，以致於形成一股強大的力量，使你時常夢見那人，或以為自己看見或聽見那人在說話，或感覺到那人在你的身邊。在頭腦上，你**知道**至愛已離世，可是內心卻仍然未能**相信**。要令你內心（情感上）完完全全理解頭腦（思想上）所知道的——這次死亡已經實實在在的發生，而且是會永遠改變你的生命——的確是需要一定的時間。

喪親者的思想與感受有著神祕的關連。除了處理至愛的離世，我們想不到有任何其他時間，思想與感情會出現如此重大的分歧。處理哀傷的第一項任務背後的原則很簡單，就是最終思想與內心必須一同承認這喪親的事實。這似乎好像他們起初所做的。你可能會說：「我當然知道他或她已死」，然而，那很可能只是你的頭腦在說話，並不是你的情感。大約在至愛離世後的六至九個月左右，很多人才會經歷一種驚愕的、肝腸寸斷的情緒，認知到已逝者將無法回來。那可能也是你的情況——你的思想和內心也意識到，那人將不會再與你共度餘生。然後，你就會開始為一些很困難的問題尋找答案，例如是：「沒有至愛在旁，我怎樣可以令生活歸回正軌？」

要接受至愛已經離世，並且永遠不會回來，是極其痛苦的，可這又是哀傷過程中絕對需要的。你仍然要過自己的生活。然而，你將需要做一些十分困難的事——處理悲傷的「難事」，能幫助你接受至愛已離世的事實。

建議在你處理這難事時，以這三個原則作為基礎。**第一個**原則是，只要一小步一小步走，最終你會到達那一點，在情感上接受死者已矣，那麼現實就不會那麼嚇人。這稱為「脫敏治療」（desensitization）。以游泳為例，任何怕水的人，只要慢慢一點一點的接觸水，而不是被人突然拋下水深之處，都能學會游泳。同樣，只要你不斷踏出一小步，讓自己接受喪親的現實，你就漸漸不再懼怕面對痛苦和解決困難了。

第二個原則是用你的感官去消化至愛已死的事實。例如，實實在在地看見至愛的屍體，是一個非常重要的方法，去面對這個現實。我們常說：「看見了就能相信。」在舉行喪禮之前，如果你想的話，很多殯儀館都歡迎你去替至愛沐浴、更衣、整理頭髮，甚至化妝。這樣，你就巧妙地被迫開始整理情緒，以致與頭腦所知的真相一樣。即是，這人已經死了。那是叫人痛苦而且難過的事實。然而，我們亦相信，企圖令這個過程易過一點，絕對無助於你和家人健康地哀傷。

如果已舉行喪禮，那麼就想辦法回想喪禮的情境，來幫助你接受死亡的現實。若然有人有先見之明拍了照片，那麼你可以看看那些至愛在棺木裏的照片。你也可以觸摸和嗅嗅他們的衣物或隨身物。感官（去看、聽、感覺、嗅、嘗）能幫助我們明白身邊發生甚麼事。只要你時常在腦海中重演這些畫面，這人已死的事實就會慢慢深化。很多人會認為，最好是儘量避免引起傷痛和不快的環境。他們忽略了的是，**面對傷痛的環境是醫治的必要部分。**當你實在地運用感官去面對現實，就等同在哀傷旅程上踏出紮實的一步，慢慢接受至愛已死，最終必須要「放手」。

第三個原則是，一個已死的人是無法回來的。這似乎是明顯不過，實在無需宣之於口。然而，人類常常會無所不用其極，想與至愛連結。我們不想放手。可能有些人會鼓勵你與至愛「連繫」及「再續前緣」，彷彿他們仍與你一起。（一些研究員及輔導員現提倡這論調。）在我們討論哀傷的第三項任務時，會再多談一點。現在我們只想說，我們的角度是，你**可以**透過回憶，或透過你因與那人的關係而成了何許人，而與至愛連繫起來。但我們並不相信你可以與一個已死的人仍然維持現行的關係。

這項任務不只要求你接受死亡的事實，亦要你接受，你曾與已逝者有的任何關係，是永遠而實在地在肉體上斷絕了。一個母親不再是已逝女兒的母親，因為女兒已不在了。孫兒也不再是已逝祖父的孫兒。丈夫也不再與已逝妻子結婚了。當然，雖然他們可以準確地說自己**曾經**是已逝者的母親、孫兒、或是丈夫，但重要的是，隨著那人的離世，我們就要改用過去式了。這段關係已成**過去**，不再是**現在**的了。所以，我們極力鼓勵你不單要看看至愛死後的身體，而且要見證棺木下土或骨灰撒開的一刻。你亦可到墓地或各處去紀念被長埋地下的人，提醒自己這人已不再以肉身存在於你的生命了。

繞道的影響——處理衝擊及麻木

起初，你的哀傷繞道上會有兩個最常見的同伴，就是衝擊和麻木。如果你曾説：「我無法相信他或她已離世」，你就會明白我們在説甚麼。死亡是難以置信的，在某些情況下卻又十分可信，令人在情緒上產生奇怪的感覺。就如我們先前所述，我們的意識（思想）和感受（情緒）是十分複雜的。哀傷的挑戰是，在至愛離世之後，我們的意識首先會被衝擊及麻木保護，這些皆是創傷的自然反應。即使至愛之前已臥病在牀，你也有心理準備他或她會離世，這衝擊仍然很真實。在很多情況下，當至愛是毫無先兆地突然死亡，我們所遭遇到的衝擊和麻木，比起那些已預計到至愛離世的人，會來得更強烈和持久。

可是，無論死亡是如何發生，所有經歷哀傷的人，都會遇到某程度上的衝擊和麻木。事實上，這種麻木能即時保護哀傷者，免受哀傷的全部衝擊，又讓他或她可處理當時能處理的，使情況不會比看起來更壞。如果你正在哀傷，要對自己有耐性。身體受了傷，痛楚會慢慢退去，同樣，當你能夠更直接地面對失去至愛的事實，這衝擊與麻木就會漸漸減退。

處理哀傷的具體方法

當前急務

◆ 首先，好好保重身體。哀傷是挺累人的。要記住，在你哀傷時，身體就會變得更脆弱。保持身體健康是極其重要的。要特別留神。往醫生處檢查一下身體。用 "DEER"（「鹿」）[4] 這個詞來提醒自己，在哀傷之時，你仍然必須如何好好照顧自己。

D = 飲用（Drink）大量液體（儘量少喝酒精飲品）。

E = 每天至少進食（Eat）三餐（即使你並不想吃）；按照食物金字塔建議的食物種類，安排營養均衡的餐單。

E = 運動（Exercise）——散散步、騎自行車，或做一些能令你的身體保持活動能力的事情。

要你去運動，這可能會有點困難，那麼，先由小處著手。在家附近走走，然後慢慢增加運動量，直至每星期至少有四次為時三十至四十五分鐘的散步。

R = 休息（Rest）；雖然可能難以入睡，但要記著，哀傷會令你體力和情感透支。休息是好好照顧自己的關鍵。若你持續感到虛脱，又時常未能安睡的話，就可能要向醫生取些藥物幫助入睡了。

◆ 用**已死**和**死了**去形容你的至愛，而不要婉轉地說「去了」、「過身」、「失去了」或「在另一個或更美好的地方」。雖然**已死**和**死了**這些字眼可能看似冷酷無情，但是它們會幫助你明白事態嚴重，以及這人的死亡已成定局。

計劃喪事或回憶時要做的事

◆ 盡可能設置開放的棺木，或者至少看看已逝至愛的遺體。即使你決定要火葬，這也是能夠做到的。有人說如果你見過至愛死後的樣子，就會忘記他或她生前的模樣，這只是個神話而已。我們的腦袋所能吸收的，可謂十分驚人。即使我們最後看見這人是在棺木裏，仍能記得關於他或她的一切。所以，就把這人的遺容加進你記憶倉庫吧。拜託友人替你拍照。這也能幫助你在認知上和情緒上接受死亡的事實。我們發現，有些人的遺體並不能復原，這會令哀傷的過程更複雜，因為那會阻礙你接受死亡的事實。如果喪禮已過，你可以嘗試憶記死者的遺容，以及在腦海中重演喪禮的種種。

◈ 要肯定喪事並不只是歌頌一個人的生命，也是去確認此人已死，並將會被記念。為到那人不再與你一起而表達愁緒和哀傷，對整個哀傷過程來說，是非常恰當和有建設性的。

◈ 安排探望、喪禮、下葬或撒骨灰之間有多一點時間，以致它們不會成為一堆模糊的活動。這樣子，你可以慢慢咀嚼每件事，充分表達你的感受，讓情緒得以釋放。

◆ 走到墓地或在喪葬儀式裏安放骨灰的地方，當你觸到棺木或骨灰時，說聲再見。留在墓地，親眼看見棺木下土，然後動手把泥土撥到已逝者的棺木上。由這時起，你將要在這哀傷繞道上，說上數百次再見。

在哀傷繞道上可以作的事情

◆ 如果你是與已逝者同住的話，那就盡可能早點回到你們的家居住。雖然這對你來說也許會很痛苦，但卻是這任務中極其重要的一個步驟。至愛不再與你住在同一屋簷下，你就得開始接受，這個就是現在的實況。

◆ 翻看你的慰問卡，聽聽或觀看喪禮儀式。把喪禮、慰問卡裏或人們寫的支持語句中有用的說話、詩句或聖經金句都抄下來，那麼在你哀傷時，就可以時常重溫，得著安慰。

◆ 如果你是已逝者的近親，需要親自處理至愛的衣服、值得紀念的物品和遺產。你要處置很多東西，例如是縫紉機、漁竿、玩具、滑雪用品、繪畫枱或工作桌。你要決定是否仍要保留這些東西自己用，要的話，放在哪裏呢？你要視這些為你自己的東西——「我的滑雪用品」或「我的工作桌」，而不再是已逝者的。如果你已婚而現在寡居的話，學習使用「我」或「我的」，而不再說「我們的」。如果有某些東西不想要，想想你希望如何丟掉吧。你可以把這些東西送給其他哀傷者，使他們能以有形的方式紀念已逝者，又或把東西送往慈善機構。用喜愛的布料縫一張棉被，或者運用你的創意製作其他東西，作為紀念。記著，你不用一下子完成這一切——你可以慢慢嗅嗅你至愛的衣服，如果你想的話，甚至可以穿上它。但你要好好計劃，親自處理這些衣服、值得紀念的東西、引起回憶的物品，不要假手於人。開始時可先看看和觸摸這些遺物，慢慢再決定要怎樣處置它們。一點一點地做或分層次地做，可能會更有效。如果至愛已離世一年，我們建議你定立一個計劃，認真去開始這個過程——他或她已經不在生，不再需要這些東西了。很多喪親者都是在首一兩年處理所有遺物和引起回憶的物品。雖然這樣做可能很痛苦，但要記著這個假設——在你處理這些痛苦的難事後，會帶來醫治。將你希望保留的東西，連同一些照片及其他貴重、引起回憶的物品，存放在一個紀念盒內，以便日後重溫；另一方面，開始慢慢將那些地方（房間、衣櫃或其他特別的地方）歸為你自己的。你是新的主人了。

◆ 上圖書館或區內的書店，找找關於哀傷的書，有助你度過哀傷旅程。當你知道別人同樣於至愛離世此事上掙扎，很能得著幫助。你更可以試試對他們有效的方法。盡所能學習一下，如何讓這哀傷繞道幫助你成長。

屬靈層面

那不是純粹「塵歸塵」

創世記三章19節：「……直到你歸了土，因為你是從土而出的。你本是塵土，仍要歸於塵土。」

哥林多前書十五章44節：「〔身體〕所種的是血氣的身體，復活的是靈性的身體。」

現在我的至愛死了，有甚麼事會發生在他或她的身上呢？他或她仍會有肉體嗎？我可以與至愛有怎樣的一種關係？他或她仍會見到我嗎？如果我不肯定至愛可以上天堂，那怎麼辦？

接受至愛已死的事實——那可以是何等困難？始終，你可能在他們彌留之際伴在牀邊，也可能曾經看見他們躺在棺木裏。你可能曾經拋花朵或泥土到墓穴，也可能負責撒骨灰到已逝者喜愛的地方。對於所有人而言，你的至愛已死是鐵一般的事實——對所有人來説也很清楚，除了你的內心！

即或你已漸漸收拾心情，與現實接軌，你或許仍會想：現在至愛死了，有甚麼事會發生在他或她身上呢？這人仍然可以看見我嗎？他長得怎麼樣呢？她在天堂多少歲呢？那胎記還會在嗎？她是否仍因關節炎而扭曲呢？

背後的問題正正是使徒保羅的問題：「（他們）帶著甚麼身體來呢？」（林前十五35）在亞當和夏娃犯罪後，上帝對他們說：「你本是塵土，仍要歸於塵土」（創三19）。肉體是由泥土造成的，而上帝就說我們的身體現在要分解，歸回這種塵世的物質。

保羅把我們的身體比擬為種子。種子就像一粒麥子，會分解並且長出又新又美好的東西。我們的身體也是一樣。從前會朽壞、軟弱及「自然」的，現在都要成為不朽壞的、強壯及「屬靈」的。可能我們的身體會好像耶穌復活後的身體那樣。眾人都能夠認出祂——祂的身體就與去世前沒有兩樣。可是，聖經鮮有講及我們會怎麼樣，又或者會有多大年紀等等。但我們仍然會有肉體（基督事實上是以肉身升天的），雖然那會是一個「屬靈的身體」——一個對我們許多人來說是矛盾的詞語。對我們來說，一樣東西是屬肉體的，就不會是屬靈的，絕對不會兩者皆是——除了在天堂之外。那是個令人振奮的奧祕，在我們死後就會全然顯明。

有時，人們不肯定自己的至愛是否會在天堂。

如果你正好有這樣的懷疑，或許在這裏能找到一點安慰，因為上帝說過，祂要憐憫誰就憐憫誰（羅九15）。祂提醒我們，我們確然沒法參透上帝的意念（賽四十12～14），或是祂最終的計劃和決定如何。一方面，聖經很清楚說明，惟有奉基督的名才有救恩，而信心也是必須的；另一方面，聖經也說得很明白，一個人的信心可以是非常非常小。你不知道在至愛死前一刻，有甚麼閃過他們的意念和內心。或許，最重要是要記著，當你到了天堂，至愛最終的命運就會有個了斷，而無論他們生命的終局如何，你也不會經歷任何悲傷，因為在天堂是不會有悲傷的。

你可能也會想，至愛仍能看見你嗎？按照我們對聖經的了解，我們相信天堂的人是無法看到這世上的任何東西。若那些已死的人仍能看到我們，目睹我們在試煉和禍患中，也太大煞風景了吧？死亡終止我們在世的一切關係，那令人十分沉痛，這個我們會在本書稍後時間再談。耶穌要求我們有信心的眼睛，超越眼前的墳墓，並且要知道，我們全都要齊集在已復活的上帝羔羊寶座旁邊。

禱告：親愛的主，給我勇氣去看至愛葬身的墓地，這就是他或她肉體最後安息之處。與此同時，又給我有信心的眼睛，知道終有一天我們全都要在天堂相聚，復活後以簇新榮耀的屬靈身體，圍在祢的寶座旁邊。阿們。

死亡——生命的悲慘結局

詩篇九十篇4至6節：「在你看來，千年如已過的昨日，又如夜間的一更。你叫他們如水沖去；他們如睡一覺。早晨，他們如生長的草，早晨發芽生長，晚上割下枯乾。」

為甚麼至愛的死亡如此難以接受？我以為上帝創造我們活著——為甚麼我卻被死亡和哀傷圍繞？

細心看看（下頁）的字體。[5]你看了一陣子後，把書本逆時針方向轉九十度。現在你看到甚麼？然後再逆時針方向轉一百八十度。你看到另一個字嗎？我們常常用這字體來說明生命與死亡之間是有複雜的連

繫。你不能只擇其一。這並**不是**上帝創造生命的原意。亞當和夏娃的悖逆，把死亡帶到我們的世界。使徒保羅說得更加清楚：「這就如罪是從一人入了世界，死又是從罪來的；於是死就臨到眾人，因為眾人都犯了罪」（羅五12）。那當然是十分令人悲傷的消息。自從罪進入了世界，生命與死亡就成了恆常的同伴。每個人一出生，就展開了步向墳墓的旅程。

我們也不需要如此沮喪。上帝容讓我們在出生與死亡之間，過一個豐盛、完整和美滿的生命。我們在世上的生命乃在「期間」——介乎基督升天到祂最終回來，至那時死亡就會完全被抹去。這決定性的戰役早在十字架及復活節得勝了。可是，最後的和平條約尚未簽署。那會在基督回來時作實，然後我們就可與祂同享永生。

詩篇九十篇的作者將我們比擬為草。早晨生氣勃勃發芽生長，晚上凋謝枯乾。如詩人所說，人一生的年日有七十年，或許甚至有八十年。然而，我們卻不會永遠活著。因此詩人禱告：「求你使我們早早飽得你的慈愛，好叫我們一生一世歡呼喜樂……願主——我們上帝的榮美歸於我們身上。願你堅立我們手所做的工」（14、17節）。換句話說，幫助我們在世的日子更昌盛。

你知道是誰寫那篇詩嗎？就是摩西，那個曾經被藏在尼羅河的蘆葦中，在法老家長大，因殺人而逃亡，被上帝呼召要救他的人民脫離捆綁，在西奈山上與上帝面對面，並在望見應許之地的邊界時離世的人。誠然，這是個豐盛的生命，最終卻離不開死亡。那就是現實。我們生存，然後死亡，以致在主裏面，我們可以永遠活著。摩西在詩篇九十篇12節給那些哀傷者有以下的意見：「求你指教我們怎樣數算自己的日子，好叫我們得著智慧的心。」

禱告： 親愛的主，死亡是何等難以明白及接受。然而，我們知道，死亡是離不開生命本身的。教導我，讓我知道，即使至愛離世，我也必須有智慧地過在世餘下的日子。醫治我的哀傷，以祢不變的愛滿足我，叫祢的恩惠臨到我。阿們。

你在哀傷中並不孤單

詩篇二十三篇4節：「我雖然行過死蔭的幽谷，也不怕遭害，因為你與我同在；你的杖，你的竿，都安慰我。」

哀傷者的盼望是上帝時常同在。我怎樣知道上帝在我哀傷時就近我？

死亡！恐懼！哀傷！當至愛死亡時，這些詞語就會來衝擊我們。就算是基督徒，也一樣要被這哀傷之痛折磨。似乎沒有人能明白——甚至是那些聲稱自己明白的人。也許他們的兄弟或妻子或女兒也離世了，可是，他們並不是經歷**你**至愛的離世。這是不一樣的。**你**現在很孤單——死亡分開了你與心愛的人。看來沒有人可以真正了解你莫大的痛苦和切望。

可是，現在細心聽聽詩篇二十三篇副歌的輕語。即使這一切已經發生，即使死亡已經臨到你家，上帝仍然與你同在。祂會安慰你。

到現時為止，我們的默想仍集中於接受死亡的事實。這就正正如詩人起首所說：「我雖然行過死蔭的幽谷……」（詩二十三4）。聖經沒有否定死亡的事實。即使那是如何的醜陋或令人痛苦，你與我亦不應該否定它。

接著，這詩篇卻漸漸更見信心。「也不怕遭害。」那可能是一個滿有信心的信徒在喧鬧地作出宣告。另一方面，那也可能是一個微聲的提醒，叫你在面對不安穩時，仍然滿有信心。那也可以是個立志祈禱：「主啊，我知道我不用為前頭的路程感到害怕，求祢把我從恐懼的權勢釋放出來。」

面對死亡時，我們很容易會在絕望和盼望兩邊走。哀傷肯定蓋過我們。但我們也緊靠基督，將我們的信任和信心放在祂身上。這詩篇提醒我們，我們的信心沒有錯置。這微聲的副歌以「你的杖，你的竿，都安慰我」（詩二十三4）作結。這些都是牧人用的工具，而耶穌就是好牧人。牧人用杖保護他的羊免被捕食，而另一方面，牧人也用竿指引羊羣，帶領牠們安全回到羊圈。

在你哀傷之時，上帝保護人的杖和竿可能不是那麼明顯。你必須相信它們的確在那裏。你現在惟一需要的，就是詩篇二十三篇的信心：「也不怕遭害，因為你與我同在；你的杖，你的竿，都安慰我」（詩二十三4）。其他朋友和家人或許可以給你一點支持。可是，他們也有自己的生活，要回到日常生活裏。然而，你在哀傷之中並不孤單。當你接受了至愛的死亡，就能集中在更重要的事實——上帝與你同在。要記著，好牧人已為羊捨命，就讓祂的杖、祂的竿安慰你吧。

禱告：我在天上的父，我覺得很孤單，被哀傷完全蓋過。讓我有這詩篇的信心，知道祢與我同在。用祢的杖驅走我心裏罪惡的威脅，又用祢的竿指引我在這哀傷繞道的路程。阿們。

3

繞道是令人沮喪的！

精神健康層面

如何處理我的所有感受：真實還是偽裝

處理哀傷的第二項任務是，你要**經歷所有與至愛離世有關的情緒**。你必須誠實及自由地表達哀傷所包含的若干情緒。如果沒有正視和內化的話，那日後會演變成情緒或身體的問題。

哀傷時你需要注意你的**思想**和**感受**。有一鰥夫在讀過我們處理喪偶哀傷的一本書——《到哀傷的彼岸》後，就來找我們。他聲稱已讀畢全本書，做盡書中的練習，卻仍不覺有好轉。問了幾條問題後，我們就明白，他的妻子只離世了三個月，而他卻以機構效率顧問的態度，來處理自己的哀傷！他採用了完全認知、理智的手法。他看了那本書，跟從了建議，就認為應該會好一點。他不明白，他必須要處理自己的感受，而這個過程不能倉促了事。要處理你所有的情緒是**需時**的，而這亦是另一個重要的因素。在**處理**哀傷的同時，你也需要時間，才可走過這哀傷的繞道。

關於你的情緒與哀傷的關連，有以下三項是需要記著的：**第一**，你需要了解，情緒在任何情況下都是自然反應。我們都有感受。我們不需要向別人解釋這些感受。這些感受正正就存在。還記得早一陣子我們提過，在哀傷之時情緒和思想往往互相起衝突嗎？這處理哀傷的任務，挑戰你要刻意分辨思想和感受。思想是可以辯論的，而你也可以與人爭辯，來捍衛你的想法。很多人在哀傷的時候，都不願意再走深一點。我們只是想自己所說的受人尊重。所以，比較好的做法是，多談自己的感受，少說自己的想法。記著要分辨和談論你的感受。

情緒不單是你痛失至愛的自然反應，而且也是健康的。我們每個人皆有情緒，其中有些可能會被標籤為負面，例如是傷心及憤怒。然而，它們卻不是錯的。既不是好，也不是壞。它們就**是**情緒而已。很多時人們都會把傷心的情緒與不好的事連繫起來，又或是認為那是該速速改變的東西。歸根究底，我們是生活在一個這樣的文化當中，不斷提倡要常常快樂，不要擔憂。所以，當人們聽見原來傷心和憤怒是正常不過的情緒，不需要躲避，反倒要擁抱和經歷時，他們有時會抗拒那樣做，這是絕對可以理解的。可是，在哀傷之中，你必然會有負面的感受，因此，學習如何健康地處理那些感受，就成為必要做的事。

第二，我們相信人們需要決定如何去回應他們的情緒。我們常常會用一個瓶子的圖像，來比喻情緒若內化會往哪裏跑。一個人若吞下感受，沒有適當地表達，那些感受並不會離開。相反，它們會被儲存起來，在瓶內累積，而當瓶子太滿了，這些感受就會以不受歡迎的方式表露出來，例如是抑鬱症、焦慮或其他身體上的疾病。

最健康的是，裏外一致地表達你的想法，尤其是那些與傷心事有關的感受。裏外一致的原則，是需要誠實和一致，堅持表明你的想法和感受，然後言語行為必須與你的想法和感受一致。因此，要裏外一致。尤其是當其他人問及你的情況時，不要在不妥時裝作沒事。要誠實表達你的情緒，而不是純粹說別人想聽的話，這樣子才是最健康的。要記著，如果你誠實和公開表達及處理你的情緒，最終就能跨過；當你願意放手，它們就會慢慢消散。雖然那樣做可能會令別人覺得你很脆弱，但在過程中卻會令你們更親近，而且盼望你們因此有更強的聯繫。

第三，感受是很個人的，你不應該期望別人有同樣的感受，或用同樣的方式來表達。因此，不要害怕在溝通中表現真我。你的性別也會影響你如何表達情緒。雖然男人和女人也會經歷類似的哀傷感受，但按常規他們卻會用不同的方式來表達。男人較為內斂，往往會擺出堅強的樣子，彷彿盡在掌握中，因為他們所學習的是，男兒有淚不輕彈。另一方面，女人就比較善於公開表達自己的情緒。按照傳統的社會慣例，人們普遍能預料及較為接受女人哭泣。我們會鼓勵你認知此兩性的特點，將其綜合，得出對兩性來說皆最健康的哀傷處理方法。所以，按照你獨特的性格、性別及文化，恰當地表達你的情緒，令情緒不會累積，以免最終造成傷害。有些人會在哀傷繞道上困住，其中一個很普遍的原因，是因為他們的情緒容器裝滿了吞下或抑壓的感受。不要讓那事在你身上發生！誠實地表達你的情緒，以致它們能夠往外跑！

處理哀傷的具體方法

- 要知道所有與至愛離世有關的情緒均是正常的，其中包括憤怒、內疚、傷心、自責、釋然。哀傷的人往往會羞於公開地談論自己的感受，因為他們害怕別人會認為他們「輸掉了」。如果你正在哀傷，可能甚至覺得快要發瘋了。你可以放心，只要你沒有積極想到要自殺，任何感受也沒有問題；反過來說，如果你有結束生命的計劃並且打算實行的話，就要聯絡你的醫生或哀傷輔導員，或往急症室尋求即時的援助。

◆　要「真實」，不要企圖埋藏你的感受。不要偽裝。表達情緒是健康的。找一個願意細心聆聽的人支持你。情緒和眼淚是哀傷的一個平常的部分，所以不要擔心別人會怎樣想，或他們期望你要怎麼樣。例如，當別人問你：「你最近怎樣？」你要鼓起勇氣說：「沒有〔名字〕的日子，實在太難熬了。」或「我很多時候也感到很傷心。」這樣做的話，你就能夠裏外一致。

◆　買一本日記簿，定時記錄你的想法和感受，寫下你對日常事的想法和感受。例如這樣寫：「我為〔甚麼事也好〕覺得〔感受的名稱〕，因為〔原因，如果你知道的話〕。」要記著，你不需要刻意咬文嚼字。沒有其他人會看的。然而，日記能幫助你確認你的感受，識別及整理你所想及所感受的，帶領你一部分的哀傷工作，重新喚起你曾經做過的，以致當你回看以前的日記，可以看到自己的進度，以及可以解決一些問題。日記亦可幫助你明白，所有的感受也是正常的——沒有對錯之分——而它們會隨著時間減退或改變，最終成為回憶。

◆　寫信是另一個記錄的方法，也是很好的出口，讓你抒發自己的情感，最終是否寄出反而不重要。你可以直接寫信給已逝者，或給其他與此有關的人，例如是醫護人員、屬靈長輩、治喪籌委、或親戚朋友，向他們表達你的感受。這樣做，你會產生更強的自我意識，更能深化對哀傷的理解。這個活動能幫助你消減或中和負面感受。我們鼓勵你每逢重要日子（例如是假期、死者的生辰和死忌等等）寫封信給逝去的至愛。然後往墳場或某個特別的地點，大聲朗讀出來。

◆　將你自己置身於一些可能會觸景傷情的情況，即使這可能會很痛苦。這就是「作困難的事」。哀傷者往往害怕做些可能會令自己哭的事，尤其是在其他人身邊的時候。然而，若你最終不面對這些事的話，你的哀傷則會延長。你害怕面對，就等同賜力量予某些情況、地方或活動，讓那東西在某程度上操控你的生命。要記著，讓自己好過點其實是逃避的一種。准許自己有些時候退在後面，卻不要長遠這樣。當你再有力量衝刺，就抓緊機會去面對一些在情感上具挑戰性的東西。要計劃在特定的時間，做一些與至愛有關的事，讓自己哭一場。哭泣會幫助你釋放情感，讓你覺得好一點。

◆ 如果你仍在籌備喪禮，你要知道，喪禮的過程容讓情感宣洩，又能將情緒引發出來，這樣於你有益。如我們之前曾討論過，把喪禮的環節分開處理，能讓你有機會在情感上吸收死亡的事實，以及表達你的感受。如果已舉行喪禮的話，就可在腦海中重播喪禮的片段，或者看看喪禮的紀念物，記錄你的經歷，再進一步釋放情緒。

◆ 小心地考慮用藥（抗抑鬱藥、抗焦慮劑或安眠藥）去幫助你處理哀傷。人們說的「節哀順變」其實與哀傷處理的理念背道而馳。有時候，社會好像覺得人只需吃點藥就能解決問題。這當然不是處理哀傷的方法。你在整個哀傷過程中愈警醒、愈留心，就對你走過這旅程愈有幫助。當然，即使不服任何藥物，也會有某程度的麻木保護你，以致你不會要承受過於所能受的。可是，如果在一個多月以後，你仍然未能有每晚至少五小時的睡眠，或早上不願起牀，又或要很費勁才能做日常的事或去上班，那麼，一些抗抑鬱藥或許可以幫助你運作得好一點。可是，那並不代表你因而有權逃避，不用處理哀傷。藥物不能取代哀傷處理的位置，或者掩蓋你的感受。可是，有些人需要藥物的幫助，在起初的時候給他們動力去處理哀傷。如果你積極想到要自殺，那就必然需要藥物了。在哀傷期間，你若有任何關於用藥的問題，我們鼓勵你徵詢醫生或哀傷治療員（如你正接受治療）的意見。

◆　利用相片、影像、喪禮環節及你和死者過往的故事來表達你的情緒。翻看相片、引起回憶的物品、賀卡、信件等等，都能在整個哀傷過程中，觸發你的情感。要記著，釋放這些情感，等同倒空情緒的容器，最終可以治療你哀傷之痛。

◆ 出席一些哀傷支援計劃，或是區內其他機構或信仰社羣贊助的計劃。善寧會、聽明會、拉撒路會及美善生命計劃等，都能幫助你抒解喪親之痛。醫院、教會和區內的會堂也可能會提供一些哀傷支援服務。如果你不肯定有甚麼資源的話，可以聯絡你的治喪籌委或信仰羣體的領袖。

屬靈層面

上帝，祢在哪裏？

約伯記二章4至6節：「撒但回答耶和華說：『人以皮代皮，情願捨去一切所有的，保全性命。你且伸手傷他的骨頭和他的肉，他必當面棄掉你。』耶和華對撒但說：『他在你手中，只要存留他的性命。』」

約伯記十九章7至11節：「我因委曲呼叫，卻不蒙應允；我呼求，卻不得公斷。上帝用籬笆攔住我的道路，使我不得經過；又使我的路徑黑暗。他剝去我的榮光，摘去我頭上的冠冕。他在四圍攻擊我，我便歸於死亡，將我的指望如樹拔出來。他的忿怒向我發作，以我為敵人。」

我可以惱怒上帝嗎？在我最需要的時候，如何處理被上帝離棄的感受？

這一刻你可能會覺得被隔離及孤單。沒有人能明白你有多孤獨和寂寞。你可能會覺得自己已被棄絕，彷彿再沒有人關心似的。你與上帝的關係叫你失望透頂。你可能會想，上帝愛你，而你又信祂，祂必要保護你，免受生命中的逆境侵害。至愛的離世必然是你人生中要經歷的其中一件最受傷害的事情。也許你想要大聲斥喝上帝，或現在就大力往祂的胸口捶一下，問問祂究竟在想甚麼，怎麼可能在你的生命中，讓這特別的人離世。

約伯絕對明白你對上帝的憤怒，以及你質問祂為何容讓這等可怕事情發生的心情。讀過約伯書，明白他深層的絕望，你或者能夠得著幫助。他質問上帝在哪裏，為甚麼不也讓他死去。有時，你可能也有類似的感受。你或許會想，與至愛一同離世，比要繼續前行更好。

由於你感到被上帝離棄，對祂極其失望，於是，你不再想要跟祂對話，更遑論要敬拜祂。當一個人感到被另一個人傷害，這是自然不過的反應。遠離傷害你的人，是個很普遍的傾向。這些情感也要向上帝表達。給祂寫封信，記錄你有多傷心。全部都要釋放出來。求祂幫助你明白至愛離世的傷痛。

再看看約伯的情況。上帝並沒有離開他。是的，雖然祂沒有取去約伯的痛苦，但祂卻常與他同在。直至創傷過去，約伯才意識到，原來上帝的手一直托住他。我們豈不也是一樣嗎？有時，在激烈的衝突之中，很難看到上帝在我們裏面及透過我們作工。盼望當你在哀傷繞道上漸漸進步，就能對哀傷看得透徹一點。可能到時你就能看到，上帝的手運用邪惡的事物（諸如死亡），織入絲絲祝福。上帝一直與你同在，托住你，甚至當你惱怒祂時，祂仍然不曾改變，這是因為祂的確愛你。約伯記四十二章12節提到：「耶和華後來賜福給約伯比先前更多。」雖然這看來難以置信，但也實在可能發生在你的生命中。

要記著，上帝起初並不是要約伯受苦的。是撒但那位惡者，聲稱若約伯不是那麼蒙福，牠能令約伯詛咒上帝。因此，上帝**容讓**撒但把這些災害帶到約伯的生命中，包括至愛家人的離世。要記著，上帝亦不想我們死亡。祂已為你存留其他祝福。在祂的愛中，祂編奏出一個最終的計劃，在死後就有最美好的——在基督裏與祂共享永生。要以你的心思意念全然相信，也要記著，同時，上帝也與你同在——這一刻，以及永永遠遠。信靠吧。

禱告：親愛的主，宇宙的王，祢與撒但和約伯的一台戲，叫我大惑不解。幫助我看清楚祢曾經並且仍然是全能的，且有最終的控制權。幫助我去相信，祢永遠不會離棄我。即使我現正在哀傷之中，叫我確定祢的同在和祝福。阿們。

黑夜的眼淚

羅馬書八章22至23節：「我們知道一切受造之物一同歎息、勞苦，直到如今。不但如此，就是我們這有聖靈初結果子的，也是自己心裏歎息，等候得著兒子的名分，乃是我們的身體得贖。」

約翰福音十一章35節：「耶穌哭了。」

比起單單專注在基督徒生命中的喜樂和得勝，為甚麼悲痛哀哭如此重要？如果我現在不能祈禱或上教會怎麼辦？

你是否有一些好心的朋友，告訴你上帝成就萬事皆有美意，而且不會給你過於所能承受的？他們或會建議你要在萬事中喜樂，注目於你在基督裏的得勝。如果你曾聽過這些說話，即或內心深處相信那是真確的，應該也不會覺得非常受安慰或有幫助。當死亡突襲，你的世界彷彿要塌下時，這些陳腔濫調並不怎麼能安慰人——起碼在哀傷的初期就不能夠。這些信息好像在說：「笑笑吧，總會沒事的，所以不要哀傷了。」

帖撒羅尼迦前書四章13節清楚教導，雖然信徒也會哀傷，但卻不是像沒有指望的人。上帝料到我們會哀傷，哀傷是表達你的感受，耶穌也是一樣。當祂看到拉撒路死了，祂哭了。雖然耶穌明知自己可以很快就令拉撒路起死回生，但祂仍然透過淚水表達自己最深的悲哀。我們按上帝的形像受造，所以同樣有情緒，這就把我們與其他生物分別過來。我們不單要接受自己為有情緒的個體，更需要公開表達這些情緒。聖經從來沒有貶低情緒，它包含正面和負面的感受。你可能會喜愛講論主內喜樂、歡慶祂的偉大的篇章。然而，聖經也包括情緒座標的另一端。整個宇宙痛苦地大聲哀叫哭號，等待基督最終的拯救（羅八22～23）。生命不全是歡欣、和平、喜樂。只有當我們認識喜樂的對手悲哀，才能真正知道何謂喜樂。雖然有時喜樂與悲哀會共同存在於迷惑人的感受中，但許多時候我們只經歷到極大的痛苦、哀傷、和悲痛的煎熬。

或許這一刻你不想上教會，因為那實在太困難了，又或是因為那太容易牽動你的情緒。可能你受傷太深了，以致當你充滿那種哀痛時，沒有人敢大膽接近你。又或者你不想再面對他人，強忍著淚水，回答他們千篇一律的問題：「你好嗎？」卻又不能説實話。整個敬拜可能也會觸發一連串的感受。詩歌、環境、回憶。信息也會觸動你的神經。這是痛楚的。一下子缺堤，淚水就湧出來了，然後你就自覺地在崇拜中途離開，決定在短期內也不能回去了。

我們希望你知道，這一切對於哀傷的人來説都是平常不過的。最終，不論你要暫時不上教會一陣子，私下地敬拜，或決定要坐在教會後方，輕輕淌淚後離開，你也會在整個崇拜裏，漸漸敬拜得自在。上帝明白你，用祂的手環抱你。祂應允要把你的哀哭變為跳舞，給你披上喜樂（詩三十11）。因此，在夜間、在教會、在早晨，要哭就哭出來吧，確實知道，上帝的臂彎環繞你，祂會幫助你走過這個幽谷。

禱告：全然慈悲的上帝，我知道祢明白我的眼淚。請聽聽我內心的哭聲，讓我在祢面前哀哭，因為當我在受傷哀痛時，祢應允會在那裏。即使我在懷疑和恐懼之中，幫助我去相信，祢就是我痛苦中的答案。叫我確定，我流淚的日子快要過去，祢就要賜我生命中的恩典曙光。阿們。

往上帝的臉上揮拳

約伯記三章1至4節：「此後，約伯開口咒詛自己的生日，說：願我生的那日和說懷了男胎的那夜都滅沒。願那日變為黑暗；願上帝不從上面尋找它；願亮光不照於其上。」

約伯記三十章20至23節：「主啊，我呼求你，你不應允我；我站起來，你就定睛看我。你向我變心，待我殘忍，又用大能追逼我，把我提在風中，使我駕風而行，又使我消滅在烈風中。我知道要使我臨到死地，到那為眾生所定的陰宅。」

惱怒上帝及與祂爭辯是一件壞事嗎？「悲痛」的意思是甚麼？如果耶穌悲傷而哭泣，我是否也可那樣做？

約伯明顯是在上帝的面前揮拳。你幾乎可以看見他像個拳手，在上帝面前握緊拳頭，神氣地嘲弄祂：「來吧，上帝。再打我吧。打我至倒下吧。把我拉下來吧——甚至把我弄死吧。」約伯怎麼膽敢說這種話呢？難道他忘記了上帝是他的創造主，是那位一直保護祝福他的上帝嗎？現在，只是個多星期，約伯就雄辯滔滔，要正面挑戰上帝。

也許約伯的行為並不是那麼奇怪。當你所親愛的人離世，你可能會覺得，上帝不但離棄了你，而且也是刻意令事情更糟。你被哀傷蒙蔽了。你的朋友不知道可以說些甚麼（就像約伯的朋友一樣）。似乎沒有人在那裏安慰你。就是上帝也變成了你的敵人。像約伯一樣，你詛咒你出生的那天。你與約伯同喊：「你向我變心，待我殘忍」（伯三十21）。

究竟在發生甚麼事呢？首先，要記著，約伯並非從神學角度說話，只是在情緒上發言。這些都是由心而發的呼喊。這是悲痛。悲痛包括釋放我們所有的情緒，以及在上帝面前嚎啕哀哭。悲痛也會叫我們挑戰上帝信守祂的應許。這就是與上帝爭辯。在《屋頂上的提琴手》（*Fiddler on the Roof*）中，泰維（**Tevye**）幽幽地悲痛，仰天呼喊：「為甚麼祢不讓我成為有錢人？那會影響祢那永恆的計劃麼？」你的哀痛比那更大更嚴重。你在哀傷之中與上帝角力。你呼喊：「為甚麼？主啊，為甚麼？」你挑戰祂要信守應許。事情怎樣才能為著你的好處成就？

然而，上帝的心意是叫我們受苦嗎？上帝渴望看見我們被哀傷圍困麼？當然不會。這些都是世間罪惡的結果。祂可能會**稍為**容讓一陣子，可是，最終在基督裏，我們就是勝利者！約伯其實是用兩個聲音說話。其中一個聲音是情緒上的哀痛，於是他詛咒出生之日，控告上帝攻擊他；可是，接著約伯又以另一個聲音說話，就是信心的聲音：

我知道我的救贖主活著，末了必站立在地上。

我這皮肉滅絕之後，我必在肉體之外得見上

帝。我自己要見他，親眼要看他，並不像外人。我的心腸在我裏面消滅了！

約伯記十九章25至27節

今晚是個充滿眼淚的晚上，是個哀傷的晚上。哀傷就是向主傾出憤怒、沮喪和恐懼之情。當上帝似乎遠離你的時候，要呼求上帝，要求祂信守自己的應許。哀傷的晚上是深沉而黑暗的。上帝可能似乎在很遠，祂可能似乎在襲擊你。你的眼淚會令你的視野模糊，看不清上帝，就像雨水會使擋風玻璃模糊一樣。然而，上帝這位大能的創造主和救贖主，仍然在那裏。祂已伸出雙手。你握緊的拳頭需要放鬆，然後握著祂的手，因為祂會帶領你，走向新的一天。

禱告：祢是大能的上帝，比這宇宙任何力量都偉大。我仍想要在祢的同在裏哀訴，因為有時祢似乎很遙遠。我很憤怒。我的心被哀傷擊碎了。我不明白為何祢會讓這事發生在我身上。求祢給我有能力全然哀傷之餘仍然有信心，知道當這一切完結後，我要與祢面對面相見。祢是我的救贖主。阿們。

4

對舊路説再見

精神健康層面

實在地總結你與已逝者一起的生命，並儲存當中的回憶

回憶好像一些提示，提醒我們過去遺留在思想和內心的東西。它們代表那部分已過去的生命。毫無疑問，你儲存了許多與已逝至愛一起生活的片段。它們現在仍存留在你的回憶中，隨時可以記起。你繼續人生旅程，**而且**你仍記得這些事。

在哀傷旅程上第三項任務，不僅是**找個地方寄存**

關於死者的回憶，珍惜你們一起的日子，認識到這段關係使你今天成為怎麼樣的人，而且也預留空間，讓你可以繼續上路。在這項任務中，當你接受與已逝者的關係這「歷史」部分，就能在哀傷旅程上開拓一個新領域，幫助你進一步明白及實踐第一項任務。那就是說，無論你曾經與那人有著怎樣的關係，現在都要完結了。那是過去了。雖然那關係已是一去不返，卻給你留下回憶這禮物。

我們如何製造回憶？回憶是以我們或我們與別人遇過的真實事件或經歷作起始的。當這件真實事件完了，我們就會把腦海中的各種資訊、感受、相關東西集合起來，置於回憶之中。我們若刻意回想，或被外物刺激，例如是聽到一首歌、看見一幅照片，均會「喚起」這些回憶。回憶對我們來說是重要的，因為它們證實了我們生命中包含甚麼。它們是我們與至愛一起生活的故事。

回憶並不單單「發生」在我們身上。在我們不自覺地儲存回憶的同時，亦可以刻意製造回憶。我們「記得」事情。因此，你在哀傷繞道上遇到最大的感情難關，就是要把你曾經與至愛擁有的關係，化成回憶。

回想所有事情，包括已逝者的財產及你曾與這人到過的地方，都能在這個過程中幫助你。這樣做，可以更新你的記憶，以便日後更容易記起。對於很多人來說，最具挑戰性的，就是要克服一個誤解：他們以為，如果接受了這人已去世，把他或她放到回憶裏，慢慢地，對這人的記憶亦會隨之變得模糊。他們以為自己會忘記他們的至愛。當然，那並不是事實，我們不會忘記生命中的重要人物或事件。然而，在這裏我們又看見情緒怎樣控制思想了。我們會很害怕自己忘記，害怕得以為自己真的忘記了，即或我們的思想告訴我們，這並不是真相。

不是所有回憶也是美好的。那麼，若你與至愛曾有不愉快的過去，那又怎麼樣呢？你可能會想忘記你倆關係的一部分，又或者你會覺得，死者已矣，若自己還談論他或她的不是，而對方又無法爭辯，那實在太不忠了。我們都明白，沒有人是完美的。我們的性格就是由我們的一切所組成——好的和不是太好的。因此，按實情記住這個人——好的壞的也記住。否則的話，你就等同崇拜那人，這令你在經過哀傷時更加困難，甚至不可能走過哀傷。

要把死者放在過去，保存關於他或她的記憶，最困難的是要說再見及放開那個人。你的至愛不再是你現在生命中的一部分了，如果你仍然不肯放手，誓要抓住那確實屬於你過去的人，你根本無法繼續前行。說再見及放手並不代表那段關係對你來說不重要，亦與你有多愛那個人無關。擁有健康快樂關係的人，在坦誠及衷心哀傷之後，往往比關係惡劣的人更容易放手。因此，嘗試不同的方法，果斷地對至愛說再見，直至你真正可以把那人放在過去，成為一連串珍貴的回憶，讓你時常可以憶起。

除了憑藉紀念物之外，有另一個基本的方法，至愛也可以彷似在你的身旁。你很可能是在某些方面被這人影響，成為與別不同的人。他或她或許曾經深深影響你的信念、價值觀、宗教信仰、習慣和癖好、及生活方式。或許你喜愛某些活動，是因為那人曾經向你介紹。你會發現自己在反思至愛如何影響及改變你的生命。你會聽見自己說：「如果不是〔名字〕，我不會這樣做或參與此事！」因此，在你的回憶之上，你現在也因他或她曾是你生命中的一部分，所以深深受影響，擁有現在的生活態度和方式。你現在是個怎樣的人，其實受著所有曾經與你親近的人影響，因為他們在某程度上成為了你的一部分，而你就帶著那些部分，繼續走人生道路。

處理哀傷的具體方法

◈ 隨著時間流逝，如果你是死者最親近的人，可以檢視至愛所有的遺物，記著那人的樣子、行為，以及你們一起的日子。回想他們喜愛的不同活動或興趣。當你檢視至愛的衣服及所有他或她擁有的東西，就會鞏固你對那人的回憶。你會開始把那人放在過去之中，認知到至愛永遠無法再穿起那些衣服，使用那些物品。有些物品你可能會想放在回憶箱中，隨時或在特別日子時可以懷念死者。你可能想暫時保留其中一些物件，日子久了，就分發給家裏其他人作紀念品。你現在需要面對現實，至愛已經不會回來了，那樣做的話，你才能繼續學習放開。

◆ 重溫及剪輯所有的照片、錄像、幻燈片和值得紀念的物品，做一本相簿、剪貼簿，或你與已逝至愛的生活回憶錄。把它放在你經常可以看到的地方，喚起你的記憶。

◆ 實在地總結至愛的生命；不要「消毒處理」對他們的記憶。從正面及負面去正確地思想及講論你的至愛。最終不單要能分辨所有正面的部分，也要有一些你不懷念死者的東西，例如是現在你不再需要去一間不喜歡的餐廳，或看一些科幻片（而你愛看的是喜劇）。

◆ 將你與死者的關係，畫在生命線上。真實地畫一條線（你可能需要把幾頁紙連接起來），在線上點出你的出生日期及生命中其他重要的事件，其中包括你與至愛的關係的開始，以及他們的離世，看看該關係過去由哪裏開始，現在於哪裏結束。記下及指出所有你與至愛曾有過的重要時刻。你的生命必須繼續，所以要緊記，你的線要延伸到至愛死亡之後。你將要在這世上經歷及得著更多，即使這一刻你對這些會是甚麼仍毫無頭緒。

◆ 寫一個關於你與已逝者關係的故事，由一開始直到他們離世。在那個故事中，寫些主要的回憶、你在這段關係中最珍惜和最不珍惜的地方，以及你們一起的關係如何影響你的生命。

◆ 識別及整合已逝至愛如何提升了你的生命，而因著你是他們的配偶、孩子、父母、兄弟姊妹或朋友，又如何改變你。換句話說，當你繼續在哀傷旅程上前行，就會能夠分辨，你與這人的關係，如何影響你的成長。

◆ 去一些在你們關係中特別的地方，例如是餐廳、度假點、公園或海灘。回想你們一起在那地方的時光。**沒有**死者在場，重複做許多對你倆或你們一家有特別意義的事。雖然這往往是很困難而且令人情緒激動，但這也是相當重要的。那幫助你憶起一些事情，每一次你重臨那地方，它對你的影響又小了一點，然後你就能分辨，沒有了你已逝的至愛，你還愛到那裏嗎？當你去這些特別的地方，或是跟一些對你和你至愛重要的人一起，尤其留意那些過往你至愛常坐的位置。那能幫助你記得、在腦海中重演事件，然後決定，沒有了你已逝的至愛，你是否仍想要進行那活動，還想與那些人一起。

◆ 聽聽親朋好友在喪禮上的懷緬時刻，讚揚你至愛生命中的優點。重看人們所寫關於至愛的評價或故事，也看看你自己曾經寫關於他或她的事。你亦可以請家人和朋友寫下他們最喜愛的故事，或他們最欣賞此人的地方，讓你可以放在紀念冊內，以尊敬及紀念死者。

◆ 提及死者時，儘量用過去式。那就是說，用「曾經」而非「正在」，因為那關係不再是在現在或將來了。若你的孩子死了，就談那些東西在他或她在生時，**曾經（過去式）**屬於他或她。你的至愛不再活著，肉身亦不再存在。

◆ 使用任何宗教、文化或家族儀式，來強調這段關係由當下的現實進到珍貴的回憶。這可能是個蠋光紀念會，一次碰杯，唱一首喜愛的歌，讀一個特別的故事或聖經篇章，烹調那人愛吃的食物或參與一些紀念會，然而，要特別注意儀式上「我們記念」及「過去」的部分。

◆ 要認知到，在你完成哀傷繞道之前，將會有很多途徑及很多次要跟至愛説再見。在特別日子時，寫封信給你已逝的至愛，告訴他或她，沒有他或她在的時候，你怎樣度過這日。你可以這樣寫：「你永遠不能與我一起度聖誕了。雖然我真討厭那樣想，但我真的要向我們過往共度的聖誕節説聲再見。」

◆ 為記念你至愛的緣故，送些東西去慈善機構或有獨特使命的團體。以有形的方式去記念這人，而且惠及一些他或她關注的團體。

◆ 要小心一些鼓勵人們留言給已逝至愛的網站，那令你誤以為與死者仍能溝通。真正的溝通是需要兩個活生生的人，可以一起交換想法和感受。我們不鼓勵任何網上形式，說你離世的至愛仍有可能接收或回應你的信件。然而，我們當然鼓勵給死者寫信來抒發感受，從而得著醫治。

◆ 要知道雖然你永遠**無法**忘記你的至愛，但終有一天，你在記起那人時，不再傷痛。當你不再感到痛苦，那就是一個最大的信號，讓你知道自己已走到哀傷繞道的盡頭，哀傷快要完結了。

屬靈層面

回憶

路加福音二十二章17至19節：「耶穌接過杯

來，祝謝了，說：『你們拿這個，大家分著喝。我告訴你們，從今以後，我不再喝這葡萄汁，直等上帝的國來到。』又拿起餅來，祝謝了，就擘開，遞給他們，說：『這是我的身體，為你們捨的，你們也應當如此行，為的是記念我。』」

聖經怎樣鼓勵我們要創造和善用回憶？我怎樣可以在死亡中衍生意義，以及珍惜我對至愛的回憶？

你所愛的人死了。死亡這事實令人很難以接受及相信。可是，當震驚及麻木退去後，其他事就會發生。回憶！圖像、聲音、氣味突襲——統統都引發你回想昔日美好及艱難的時光。你怎樣處理這些回憶呢？尤其當它們既令人安慰又滋擾人的時候，你會怎樣做呢？

即使你繼續在生命旅途前行，上帝希望你仍然能夠記得往事。回憶有兩個作用——往往是一正一反。反面的是，回憶記錄了你必須上路這事實。在以上引用的經文中，耶穌正在與門徒吃祂死前在世上的一頓飯。他們感到前面有危險。各人已知道猶大將會是賣耶穌的那一個。然後耶穌做了一件奇怪的事情。祂把酒說成是祂的血，把餅說成是祂的身體。祂教導門徒要為著「記念我」（路二十二19）的緣故，遵行這個聖禮。一些有形的東西，如餅和酒，現在用來持續記念基督的生命、死亡及最終復活。最困難的地方是，明明知道事實是無法重複的。耶穌與祂門徒的晚餐是真實事件。主的聖餐這聖禮就成為了紀念。你**曾經**與至愛有過特別的關係。可是，隨著他們的去世，那關係也成了回憶——一件在過去的東西——你歷史的一部分。那是困難的部分。

而正面的部分則是上帝環抱及鼓勵回憶。所以，教會和信徒定期守主的聖餐這聖禮。在這個聖禮中，信徒記念基督為我們的罪在十架上受苦，也記念祂在復活節早上為我們的救恩而復活所帶來的喜樂。上帝希望你保持這個重要的回憶歷久常新。起初，關於你至愛的回憶可能會令你很痛苦，喚醒你內心的渴望，希望那人能回來你身邊。然而，當你繼續在哀傷中前行，這些回憶能帶來安慰、把握、面上的笑容，以及內心的溫暖。

基督的聖禮還提到另一件關於基督徒回憶的事。餅和酒固然是被選上幫助我們記念祂的死亡和復活。可是，它們也鼓勵我們記念上帝在其中的角色。在聖經的所有回憶中，這個是最直接提醒我們，生命是會在死亡之後出現的！

上帝看見這幅大圖畫。盼望到了時候你也能看到這幅大圖畫。搜集你的回憶。去吧，完全地、坦誠地記念至愛吧。在記念之中，不要單單專注在你已逝世的至愛，也要留意上帝在你的哀傷之中，及至永恆之時，那慈愛及拯救的手。

禱告：親愛的主，我知道祢叫我記念祢的大能力。幫助我明白，終有一天——希望很快到這天，我可以回望我的哀傷，看到祢大能的手牽引帶領我。幫助我完全及坦誠地記念我的至愛，又記念在這哀傷旅程上祢所賜下的恩典和力量。阿們。

我一定要說永別嗎?

馬太福音二十二章30節：「當復活的時候，人也不娶也不嫁，乃像天上的使者一樣。」

在天堂，我會認得我的至愛嗎？我與他或她仍有關係嗎？聖經有（或沒有）說過些甚麼關於在天堂的人際關係嗎？

太多問題，太少答案！你所愛的人死了。現在你有回憶——就只有回憶而已！很多問題開始淹沒你。我還會再見到她嗎？到了天堂，我還認識他嗎？在永恆裏，她仍會是我的祖母嗎？他會多少歲呢？我夭折的嬰兒到那時仍是嬰兒嗎？我還會有與配偶那非常親密的關係嗎？太多問題了。老實說，聖經並沒有提及太多。

馬太、馬可、路加福音統統都有描寫撒都該人（那些不信死人復活的人）設計陷害耶穌。他們說：「人若死了，他兄弟當娶他的妻」（那在耶穌的時代是一種文化習俗）。然後這第二個兄弟死了，下一個兄弟又要娶她，餘此類推——直至她與全部七個兄弟都結過婚，而七個兄弟最終都死了。撒都該人問：「這樣，當復活的時候，她是七個人中哪一個的妻子呢？」（見太二十二23～33）他們假設她一定會與其中一人結婚——第一個、最後一個、或中間其中一個。如果那樣的話，復活就會引起一個真正的問題，因為她可能有七個丈夫啊！所以，在他們的思想中，復活並不存在。我們成婚。我們死去。我們被葬。這就完了。

耶穌卻挑戰那個觀念，並不提及復活的事，而是談論婚姻的事。祂回答道：「她也不娶也不嫁，在天堂沒有婚姻。」現在正正是這令人傷心的消息，特別是如果你的丈夫或妻子離世了。這引發一連串的問題。我們在世與家人朋友的關係又怎樣呢？

嘗試這樣看看吧。在這世上，家庭關係是由血緣或法令所定義的。國家宣告我們已成婚，或合法領養孩子。因著血緣關係，你就與兄弟姊妹、父母、祖父母及你的孩子有連繫。

可是耶穌說，在天堂我們全都會像天上的使

者一樣。這不是說我們都會長出翅膀、彈奏豎琴。我們以為，這代表兩件事。第一，天使不會死；第二，他們不是有性繁殖的個體。他們不需要生養眾多，遍滿大地。那不代表婚姻中的其他方面就沒有意義——親屬關係、愛情、理想和目標。這些仍然是很重要，但就如天堂其他的東西一樣，我們的關係都要重新被定義。

透過研讀聖經，我們有個信念，知道天堂是怎麼樣的，希望你也因此得幫助及安慰。首先，我們認為我們仍能彼此認得對方，因為我們仍會存留個人的身分和性格。第二，我們不會在意在世與別人的關係。我們一旦在天堂，成為上帝大家庭的一分子，我們之前的關係就會被蓋過。我們在世的家庭關係是由我們的父母所定義的。我們在天堂的關係則是由我們與聖父上帝及聖子耶穌的關係所界定，我們都是上帝收養的孩子（弗一5）。我們於在世的關係中認為是美好的、滿足的、珍貴的一切，都將要被我們與救主基督的超然關係所超越。畢竟，天堂真的是樂園！

禱告： 親愛的主，在我極度渴望再見至愛的同時，我知道自己同樣想在死後經驗到祢的天家。幫助我，不要單單相信最終的復活，也於今生接受挑戰，活出美好的生命。給我有力量面對每一個新的一天。阿們。

前面的路看來很可怕

耶利米書二十九章11節：「耶和華說：我知道我向你們所懷的意念是賜平安的意念，不是降災禍的意念，要叫你們末後有指望。」

希伯來書十二章1至2節：「存心忍耐，奔那擺在我們前頭的路程，仰望為我們信心創始成終的耶穌。他因那擺在前面的喜樂，就輕看羞辱，忍受了十字架的苦難，便坐在上帝寶座的右邊。」

除了我曾與至愛共同擁有的目標外，我還有其他目標嗎？我該如何訂定現在那些人生目標？

其中一樣最具影響力的感受，時常席捲哀傷者的心靈，就是漫無目的地過活的感受，不知將來怎樣，也不理會明天如何。經過此階段的時候，很多人都會說類似的說話：「現在〔名字〕死了，我生存還有甚麼意義呢？至愛離世，令我所有夢想和將來都幻滅了。」即或這感受不是太強，哀傷的人也許還是會說：「我實在不知我現在要做甚麼。我的人生沒有方向。」

上帝創造我們，要我們在人生中有方向和目標。在工作裏我們稱之為召命。在關係中我們叫它作親密。在與主同行的路上，我們以此為主內成長。在我們的悠閒和享樂之中，我們叫這作滿足感或樂趣。然而，我們做一些事、愛一些人，均是因為它們有助我們建立一個具意義的人生。

哀傷使我們失去方向感。在哀傷之中，我們需要聽聽那像耶利米書二十九章的說話。在被擄的邊緣，以色列需要知道，這並不是一切的終結。他們仍然有未來、有盼望。那未來和盼望就在上帝自己的手中。他們可能會低落，覺得彷彿又在曠野漫無目的地流離。可是，上帝清楚說到，祂並沒有忘記他們。就如上帝昔日對以色列有個計劃，今天祂對你也有個計劃——「要叫你們末後有指望」（耶二十九11）。

在耶利米書這段經文中，卻有些令人不安的地方。上帝的計劃並**不是**要把以色列人從迫在眉睫的戰敗和被擄中拯救出來。他們要經歷那一切。事實上，上帝説過，那會維持七十年。然而，上帝還是對他們有計劃。即或你現在要在哀傷中面對一些十分艱難的時刻，上帝希望你知道，祂在你現在所面對的事之上，仍然有祂的計劃。

耶穌就是認識上帝有個計劃的最好例子，這是一個首先要叫祂這救主受苦受難的計劃。可是，祂卻能看到，在十架之上，有那「擺在前面的喜樂」（來十二2）。

你可能未必能像耶穌那樣清楚看到未來。事實上，你完全無法想像你的將來會如何。那樣的話，學學耶利米和耶穌的榜樣吧。試煉、挑戰、哀傷總會臨到，上帝卻把這些煩惱都帶到祂的計劃之中，把我們安置其上。上帝可以使用這一切的痛苦和苦難，透過祂的恩典與大能，變成我們的「益處」（來十二10～11）。

這並不是要減少你的哀傷和痛苦。相反，聖經說，去感受及表達那種痛楚並沒有問題，要有信心，知道上帝就在那裏牽著你的手帶領你，說：「跟從我，我在你的生命中有個計劃。」

禱告：我的生命彷彿沒有方向，而父啊，祢卻告訴我，祢在我的生命中有計劃和目標。讓我知道我在此的意義。縱然我的至愛已死，但我知道我還在世。向我啟示祢現在要我做的。我安息在祢指引的大能裏。阿們。

5

將我的目光放在新方向

精神健康層面

漸漸認識你現在是誰

簡言之，處理哀傷的第四項任務就是，**沒有已逝至愛在身邊，你要認清自己是個怎樣的個體，然後適應生活**。身為喪親者，你必須能看到你的生命最終是個人的旅程。你過往的生命可能與已逝的至愛很親密，以致你無法認清自己是獨特的一個人。你可能會覺得自己其中一部分不見了。至愛離世後，現在你必須（重新）為你自己下定義。這對大部分喪親者來說，是尤其具挑戰性的。對一個哀慟的配偶而言，這代表接受你現在是獨個兒的，沒有伴侶，而你仍是個完整、完全的個體。或者，如果你是父母而又沒有其他子女的話，在這個孩子死後，你就不再需要作父母了。同樣道理，當你的雙親都離世，你就不再是誰的孩子；若你的兄弟姊妹都不在生，你也不再是誰的兄弟姊妹了。如果你曾經有個好朋友，現在你不再有那個好朋友了。死亡改變了我們的角色，而這些角色幫忙給我們定義。

現在你要重新檢視一下各樣你過往因為死者而參加，或與死者一同參與的興趣班和活動。現在至愛不在這裏跟你一同參加，你還會繼續做這些事嗎？（例如划船、上劇院、在學校幫忙、觀看運動賽事等）你需要問問自己：「在已逝至愛進入我的生命之前，我是誰呢？」「與那至愛**一起**時，我是誰呢？」「現在**沒有**了那人在我的生命中，我是誰呢？」最終那問題會變成：「我**現在**是誰呢？」

認清自己沒有了至愛在旁是個怎樣的人，是經過這哀傷繞道的重要步驟。雖然其他人也許會在旁安慰支持你，但你必須掌管自己的生命，認清你現在是誰。無論你經歷過何種失落，這項任務背後的理念是簡單而有深度的：我們全都是獨立的個體，自己本身就是完整而完全的。即使我們可能**希望**旁邊的人豐富我們的生命，但我們實在不**需要**另一個人令自己更完全或完整。當然，我們在婚姻中一起成長，或與我們的孩子、兄弟姊妹或父母有著特別的關係。在某程度上，我們全都是社交動物，縱然有些人似乎更喜歡被人包圍。然而，我們必須知道，自己生來就是完整的人，沒有了任何一個人，也能好好地生活。

第四項任務表示你認知到，你在與已逝者的生活以外，還有自己的生活。那人顯然影響過你生命的軌迹。可是，沒有了那人在旁，現在你需要開始找方法，按自己的能力重新投入生命。你要開始在不需考慮死者的情況下做決定。這樣，第四項任務就讓你認清需要，檢視你因過去與死者的關係而感到痛苦空虛的地方，決定怎樣填補這空虛，在不再與那人有關係的情況下，重新確立你的定位。你需要竭力認識及愛自己，發現及投入在你自己的興趣和活動之中，重新關心別人，定立你現在的人生目標。

處理哀傷的具體方法

◆ 在至愛死後，寫下及分析你將會扮演及不再扮演的角色。畫一個圓形，分開好幾個部分，表示在你生命中的角色，其中也包括你與已逝至愛的關係中的角色。像切批一樣，把圓形剪開，按照你在不同範疇中曾投放的心思來決定每一塊的大小，例如，作為配偶、父母、長大成人的孩子、兄弟姊妹、同事、朋友及你自己。這能幫助你看到你在每段關係中投放了多少時間及精力，以及已逝的人在你生命中佔多大的空間——這就是你現在需要重新整理和發展的最基本地方。

◆ 在你認識到已逝至愛在你生命中扮演的角色後，你就要決定將如何填補那個空位。列出所有的角色，或把它們都寫在一封給已逝至愛的信，那將很有幫助，例如可這樣說：「這些都是你為著我的好處在我的生命中所作出的貢獻。十分感謝你。可是，現在我要開始決定如何在沒有你在的日子管理這些東西。」然後就開始發掘方法去填補空虛。

◆ 認清你自己的個人興趣和活動，留意那與已逝者的喜好有甚麼分別。你在計劃時，不再需要考慮到他們的興趣。現在你可以自己決定是否要繼續任何一項已逝至愛生前喜愛的活動。如果你只為了表示忠誠而勉強繼續某些活動，那並不健康，對你亦沒有任何幫助。

◆ 認定你是個重要的人，你的思想、感受、主意都甚為重要。回想在遇到這人以前，你曾有過的希望和夢想。在這哀傷繞道上，認識自己更多，看看自己現在成了何等人。哀傷是一個成長的過程，當中你會弄清甚麼為重要，得著一個更清晰的方向和目標。這表示有些轉變正在發生。不要讓別人硬把你套回舊模子。暫停一些舊有的活動，發掘其他選擇。嘗試一下新事物，才決定你**現在**於生命中喜歡甚麼及想要甚麼。

◆ 分析其他社交和家庭關係，決定有哪些是你想要維繫或促進的。每段獨立的關係都需要時間經營的。在至愛離世後，你現在多出了一些時間，可以放在其他事上。可是，你也要彌補所有至愛不能再作的事，尤其是當他或她過往與你同住。雖然最終你很可能會想經營其他或一些新的關係，但不要為此而犧牲你在哀傷繞道上的旅途。我們說的大多是指友誼，可是，若你是喪偶而考慮再約會的話，我們強烈建議你至少待上一年才重新約會，而且你要肯定自己已完成哀傷過程。一個人必須要再次感到自己是單身和完整，接受與死者的關係已經過去，才能進入另一段感情關係。要記著，在哀傷的任務上下功夫，是需要時間和精神的。將那放在你的首位，然後才想其他範疇。

◆ 現在當你嘗試去分辨自己是誰時，要知道，不安全感和缺乏自信都是正常的。你的一部分自信可能是來自死者給你的支持。沒有那股推動力，你可能會自覺不足，自信心減弱。鼓勵一下自己，稱讚自己的素質、能力和價值。你是一個好人。你有很多才幹。認清自己是誰，並且做好你自己。

◆ 要知道，你可以待一會才選擇墓碑。治喪籌委可以先替你在墓地放個暫時墓碑，你之後可以決定長遠想怎麼樣。很多在生的配偶也傾向想在離世時合葬，因為他們覺得與配偶非常親密。可是，你可能會發現（尤其當你是較年青），過早作的決定很容易是由情感主導。選擇合葬的話，很容易令在生的人不能健康地與死者分開，又或不能專心地確認你的人生最終還是要繼續。很多人誤信他們在死後可以重聚，於是希望透過合葬，與已逝的配偶維持不能分割的連繫。我們相信，最健康的是，在你作出任何關於墓碑的決定前，先要知道，你的婚姻現在已完了。即使選擇獨立的墓碑，將來也有機會葬在你已逝至愛身旁的。

◆ 要明白，盡快「回復正常」並**不是**一個健康的目標。哀傷耗時傷神，而忙碌則是在過程中逃避或分散注意力。你需要決定現在甚麼適合你。給自己一些你一直在看的處理哀傷任務。劃出特定時間去實行。重回舊地。經歷創傷。整理思緒。用筆記下。在過程中匆匆忙忙是沒有用處的。要知道，「舊有」的正常是不復再的——你一定要建立「新的」正常生活模式。舊有的模式是包括你已逝的至愛，而他或她已不在了。現在你需要發展你的新生活模式——至少為著在這世上少了一個你愛的人而改變一下。

◆ 要知道，你的生活仍會繼續。即使你現在感到糟透了，彷彿你的生命已與死者一樣結束，但你要相信，隨著時間的流逝，以及你在哀傷處理上所下的苦功，你的生活必然會得到改善。

屬靈層面

上帝照顧麻雀——和你

馬太福音六章26至27節：「你們看那天上的飛鳥，也不種，也不收，也不積蓄在倉裏，你們的天父尚且養活牠。你們不比飛鳥貴重得多嗎？你們哪一個能用思慮使壽數多加一刻呢？」

我的生命對上帝來說仍然重要嗎？我是上帝獨一的創造，那實在是甚麼意思呢？上帝為甚麼會關心我？

你不比牠們貴重得多嗎？是嗎？有時，在哀傷之中，我們很容易會以為沒有其他人真正關心我們。沒有人會明白，而（更重要的是）你也不明白。你可能會自我形像低落。你可能要做一些從前沒做過的事，因而感到無能為力。可能沒有人在你正在做或下一步要做的事上指引你、鼓勵你、建立你的信心。**沒有價值的**，你想。**我真的感到完全沒有價值啊**！

在哀傷中有這種經歷，一點也不出奇。很多時候，你也會依賴其他人給你所需的認定和鼓勵。或者，過往你因為幫助過這死者，因而感覺良好，現在，你不需再履行這些責任，所以也不知如何在生命中覓得目標和價值。當至愛離世，你不單感到孤單，同時也會極度不肯定自己，缺乏你所需要的鼓勵。

假若這正發生在你身上，那麼現在就是自我傾談及與上帝對談的時候了。盼望這自我傾談可以來得自然一點。你很可能會聽到自己問：「〔名字〕死了，我現在是誰呢？我仍然是重要的嗎？」如果你產生一些關於自尊的問題，就告訴自己，你仍然很重要。

那麼，現在就是與上帝對話的時間，實在地聽聽上帝要對你說甚麼。馬太福音六章25至34節登山寶訓的部分，在很多聖經版本中的副題都是「不要憂慮」。這個叫人不要憂慮的意見，是建基於一個基本的聖經真理——你是上帝所有創造中的最重要部分。耶穌不是籠統地說我們全部，說世人比花鳥更重要。祂是說，**你**個人對祂來說比一切都重要。因此，上帝的理據是這樣的：如果我把朝不保夕的鳥兒和野花都照顧得那樣好，難道你不認為自己比牠們更貴重嗎？

我們送禮物給我們愛的人。送禮物就是將我們對他們的熱情和欣賞展現眼前。盼望在收到禮物時，你也感到那種價值。這在上帝來說更是何其真實呢？祂給**你**祂兒子這貴重的禮物，祂為你的生命而死。你在祂的眼中是寶貴的。你對上帝來說時常都是個非常重要的人。即或你要對至愛說再見，開始記錄你倆生活的點滴，開始意識到在哀傷繞道上是獨自一人，你要知道，你的天父仍然發出這樣的信息：「我照顧麻雀。我看顧野地的花兒。難道**你**不比這些更貴重嗎？」

禱告：父呀，看顧我。祢善待祢所有創造物。我現在需要祢特別照顧。用祢照顧麻雀那種心思看顧我。請祢供給我一切需用的。尤其幫助我可以確定，祢時刻看顧我，在哀傷旅程上會給我新的方向。阿們。

放開手……讓祂動手吧

彼得前書五章7節：「你們要將一切的憂慮卸給上帝，因為他顧念你們。」

腓立比書二章12至13節：「這樣看來，我親愛的弟兄，你們既是常順服的，不但我在你們那裏，就是我如今不在你們那裏，更是順服的，就當恐懼戰兢做成你們得救的工夫。因為

你們立志行事都是上帝在你們心裏運行，為要
成就他的美意。」

假如我相信上帝又願意信靠祂，祂豈不會帶領我經過哀傷之痛嗎？掌握自己的哀傷和把它放在上帝手中，這兩者如何平衡呢？如果我的配偶已離世，放開手是否代表我要除下結婚戒指？

放開是很難做到的，就像嬰孩在踏出第一步之前，往往要抓住附近的家具。然而，放開是必須的。嬰孩倘若仍然要抓住家具才能走路，就永遠無法長大成人。

在哀傷旅程上，時候到了你也要放開。但放開甚麼呢？當然，你不會放開所有珍貴的回憶。你不會放開因著這人而變得更好的生活、價值觀和信心。可是，你最終也要放開，然後把那人由現在式轉到過去式。你現在需要在每天的生活中也意識到，他或她不在了，因為他或她已經死了，永遠不會再回來。

就是這樣直接説説也令你感到焦慮。未來的生活

中沒有至愛在旁，這可能會令你產生極大的恐懼。然而，上帝在你的生命中有計劃。這些計劃很可能包括一些你本來沒有想過的部分。這些計劃可能比你想像中更加偉大、更能實現個人抱負。可是，放開就是等於重新裝飾及使用你已逝小孩的房間，或賣出你父母的家。放開代表重新分配你兄弟姊妹的收藏品。若你的伴侶已離世的話，放開代表除下你的結婚戒指。放開——說再見——是很困難的。你需要做一千次，而每次你放開一些你與至愛關係中的實物，就等同說了一次再見。

不要忽視這程式中的「用功」部分。問題不在於「上帝會醫治我**或**我要很努力才成」。聖經說，我們的信心包括上帝與我們。在腓立比書二章，保羅說**我們**要在自己的得救下功夫。這是我們的責任。我們必須相信。我們必須信靠。我們必須遵從。可是，保羅忽然加插：「因為你們立志行事都是上帝在你們心裏運行，為要成就他的美意」（腓二13）。上帝也是這樣做。你可以將此應用於你的哀傷旅程上。你固然需要在處理哀傷上下功夫，然而，你卻可以懷著信心，知道上帝同時也在你裏面作工，醫治你的哀傷。

因此，當你處於如此困難的局面，需要放開手時，低聲地告訴自己彼得前書五章7節的話：「你們要將一切的憂慮卸給上帝，因為他顧念你們。」特別留心最後七個字：「因為他顧念你們。」祂的確顧念你，尤其當你要放開過去，迎接你已重整的新生命。雖然你好像被迫進了繞道，但你將會重歸大道——盼望透過上帝的恩典，這經歷會變得更美好——因為上帝會帶領你，又在當中顧念你。

禱告： 聖父，祢知道我對生命中各樣的轉變感到焦慮。事無大小，也教我擔憂。一切需要做的事，要做的決定、要負的責任、要有的期望，都把我壓倒了。幫助我完成它們，有信心知道祢在我裏面作工，直至這哀傷繞道完結。當我把憂慮卸給祢，請祢顧念及指引我。阿們。

在水上行走

馬太福音十四章28至32節：「彼得說：

『主，如果是你，請叫我從水面上走到你那裏去。』耶穌說：『你來吧。』彼得就從船上下去，在水面上走，要到耶穌那裏去；只因見風甚大，就害怕，將要沉下去，便喊著說：『主啊，救我！』耶穌趕緊伸手拉住他，說：『你這小信的人哪，為甚麼疑惑呢？』他們上了船，風就住了。」

哥林多後書五章7節：「因我們行事為人是憑著信心，不是憑著眼見。」

「只憑信心，不憑眼見」是甚麼意思？我如何認清上帝此刻在我生命中的旨意？如果我現在的生活又過得很快樂，那表示過往我與死者一起的時間是怎樣的呢？

或許你會說：「我完全不肯定這繞道何時完結。我還要走多遠的路才到呢？我如何從這裏到達終點呢？」當你在繞道上，尤其是哀傷的繞道上，這些都是順理成章的問題。你改道後，怎樣可以回到大道呢？在你哀傷的時候，要繼續圓滿地生活聽來並不可行，但當你的痛苦和哀傷減退，你就面對一個新的困惑：「我如何知道現在要做些甚麼呢？我應該在哪裏呢——工作上、家庭中、社交圈子裏、教會羣體內？」

當你開始繼續上路，可能也會想別人怎樣想。他們會覺得你不忠誠嗎？更甚的是，他們會因為你現在的樣子，認為你原來並不怎麼喜歡之前與至愛一起的日子嗎？不要擔心別人會對你現在的生活怎樣想或怎樣說。首先要聆聽上帝的聲音，祂仍在你的生命中有計劃。

在馬太福音十四章28至32節中講述，耶穌在水上行走。在那裏，祂在水面上行走，去見船上的門徒。沒有滑水工具或快艇拉著祂。然後彼得問耶穌是否可跟著祂，就隨即走到船外。在他的一方毫無疑惑。可是，當他望望四周時，不期然害怕起來。風浪颳起，他忘記耶穌曾說：「來。」他的信心下沉，使他整個人也沉下來。他需要耶穌伸手去捉住他。而耶穌就只好那樣做。

你可能覺得，要重新令生命上軌道，就像行在水上一樣。你的生命中太多轉變了，你無從入手，不知如何可以重整。然而，上帝也對你說：「來，跟我來。走在你從未走過的路上。我是你的主，必要給你信心，開始來走幾步。」如果你感到恐懼是因為你從未做過的話，而你開始沉下來，上帝會伸手出來支持你。上帝現在就叫你繼續走，即或不知將往哪裏去。這就是聖經所說，不憑眼見只憑信心的意思。你可能未能明白，經歷至愛離世明明是件壞事，有多好的事會由此而生。然而，你卻被要求要信靠和有信心。即或你不知道餘生要往哪裏走，但上帝知道。祂會在每一步顯明多一點。祂會幫助你走過你未曾走過的地方——即或你可能感到像行在水上。

禱告：親愛的主，祢幫助人們做到奇妙的事。可是，我現在面對的處境，就像在水上行走般沒有可能。我願意有與彼得起初一樣的信心，這信心能帶領我踏進這已重整的生命。雖然我或許像彼得一樣會沉下來，但是，我相信祢會繼續把我拉上來。牽著我的手，帶領我前行。阿們。

6

迎向清晰的前路

精神健康層面

定立你旅程的新路線

正如你會想盡快離開繞道，同樣，你也很可能會想快點結束哀傷。捻捻手指就覺得好一點，免卻失去親人的傷痛，對未來充滿熱忱，那不是很好嗎？到了現在，你一定已經知道，哀傷並不是那樣處理的。可是，就如繞道那樣，你也不可能永遠改道的。最終，你也會回到大道。這道路將不會與進入哀傷繞道之前的景況一樣。然而，到了時候，你就會感到好一點，而且更會積極想想，計劃在哀傷結束之後，你將要往哪裏去。

第五項亦即最後一項處理哀傷的任務是，**重新完全投入在生命中**。當你將自己的身分與已逝者的身分分開時，你就是在計劃沒有了死者後你自己要走的道路。你的生命相比以前可能有很大的差別。至愛的離世改變了很多東西。舊有的方式不再有效了，因為從今以後你要獨個兒生活。明顯地，這轉變有多大，很視乎你與已逝者在生活上有多少聯繫。可能你會繼續選擇走與之前相同方向的路，可是你的生命仍然會看來不一樣，在某方面已感覺不同了。

這最後的任務，就是要你在不願對「過去正常」生活說再見的情況下，重新投入在你的「新正常」生活。對你來說，那可能好像站在郵輪的甲板上，向你所掛念的至愛揮手說再見，同時也興致勃勃要看看前面的旅程會是怎麼樣。由於這些任務並不是直線進行或是一個接一個的，所以，沒有至愛在身邊時要獨自重新投入生命，這會在你哀傷時以一些微小方式發生。釋放和肯定往往只會一點一點的來——就是每次當你說或想：「我還是喜歡這樣。」或「我真可以自己就做到。」

這項任務的主要目的，是察覺和接受你仍有更多日子要活，你要重新投入在裏面，免得自己成為一個「專業的」哀傷者。研究顯示，大概八成五的喪親者，可以重新建立新的人生模式，不會困在哀傷之中。「被困」的意思是不接受你已失去至愛這個現實，又或是不能在情感上放開你的哀傷。你當然會記得你的哀傷（當然也包括死者），你甚至會記得曾有過的傷痛——但那傷痛本身就不復存在了。偶然有些時候，悲傷和眼淚可能會突襲，尤其是在重要日子或過渡期，例如是婚宴、畢業、其他人的死亡、孩子或孫兒的出生，諸如此類。可是，這傷痛應該不會像你在哀傷時那麼強烈，或維持那麼久。你已經到達那一點，可以說，按你的推斷，你已完成哀傷過程了，起碼現在就是如此。然後，我們會鼓勵你將這信念與人分享，讓他們明白，你現在已準備好要繼續上路了。

當你處理過哀傷，就已能達成一個重大的目標了。當然，哀傷過程是困難而痛苦的。然而，你的哀傷最終也會完結。如果你曾在處理哀傷上下功夫的話，你就絕對有理由相信，在至愛離世後一至三年內（若沒有其他複雜因素影響的話），你就會復原，而且進到重新有活力的生命中。縱然你與從前已經不再一樣，生命中的主要元素應該仍是差不多。我們常常會用到改建一間房子作類比。有的只會裝修一小部分，簡簡單單；而有的卻會大肆裝修。但無論如何，你也不需要把整間房子拆下來，再重新建造一間新的。

哀傷旅程會牽涉某程度上的更新。很多時候，你仍然是同一個人，只是你的生活不再像從前一樣，因為從前至愛佔的地方，現在給丟空了。你不能回到昨天。你現在處於一個過程，要為你的生命——失去至愛的生命——找一個新的標準。哀傷會以全新而不同的方式改變你。然而，你卻不會因此而過得更差——即或有一段日子你曾這樣以為。你現在可以開始看見新的可能性，不單是現在的，也是將來的。

重新完全地投入在生命中是一個持續的過程，期間要專注在這些問題上：「我現在是誰？」（自第四項任務）及「至愛離世了，我現在想要怎樣過活？」

（自第五項任務）。這些問題在至愛離世後不久開始湧出，在哀傷過程中仍然存在，這兩項任務就標誌著一個挑戰。所以，太快回到你過往的活動、參與項目、崗位、社交圈子，甚至是全職工作（倘若經濟許可你暫時不工作），並不是最合宜的做法。

我們知道，社會不愛看到人們在悲傷之中。別人看見你重新投入曾為「正常」的生活，而不是仍在哀傷和處理哀傷，他們總會鬆一口氣。但要記住，**你**掌管你的生命，所以，對自己好一點，給自己多點時間去哀傷吧。在至愛離世時哀傷，總比之後才來哀傷健康得多。無論你待多久，最終還是要主動處理哀傷。哀傷並不會自己離去的，你必須要刻意在處理哀傷的任務上下功夫。只有當你注意它們，才能把已逝的至愛放在過去，然後以全新、完全、完整的方法，真正重新投入在生命中。

你知道你已哀傷完畢，當你……

◆ 可以談論已逝的至愛，述說一些特別的記憶，而不會哭泣或感到特別傷痛。

- 已把他或她所有的衣服和隨身物都從衣櫃或抽屜中移去，如果你是與那人同住的話，把多出的空間留給自己用；又決定要怎樣處置那些物品，要丟掉還是再用，又或要把一些東西放在回憶盒內。
- 沒有一個房間或一個地方作為供奉已逝者的。
- 按自己的心意，重新擺放家具和照片，現在只擺放幾張已逝至愛的照片。
- 可以看著已逝至愛的照片，記得那人的好和壞，以及你與他或她之間的關係。
- 可以與從前交往的朋友、夫婦和家庭出外（如果你仍然想這樣做的話），並於至愛不在的情況下，仍然感覺良好。
- 與別人發展新的關係，例如若你是寡居的話，可與一些單身人士建立關係，或者可以與有近似喪親經歷的人一起（例如是孩子、父母、兄弟姊妹或朋友離世的）。
- 在沒有至愛的情況下，已經重回所有重要及值得懷念的地方，記念及儲存那些回憶，再評估一下你是否想把那地方稱為是自己的。

- 享受做一些至愛不會參加的活動。
- 不再做一些你不喜歡做的事。你從前與已逝者一起或為他或她做這些事，只是因為他或她喜歡。
- 自己作決定，並因此感到泰然。
- 為你嶄新或重新定立的方向感到充滿力量。
- 可以獨處，不會感到孤獨，或渴想你的至愛。
- 已經處理所有關於你與死者之間的情感（例如憤怒、內疚、懊悔、後悔和傷感）。
- 覺得你自己是個完全及完整的人。
- 可以照照鏡子，對自己微笑，並相信你會沒事的。
- 感到你自己有些東西可以貢獻別人。
- 在哀傷過後，你能在生命所處的位置，認定一些正面的方向。
- 知道你是重要的，又可以對自己友善一點、關心自己多一點，例如是煮一頓好吃的、旅行、做有趣的事、散散步，諸如此類。
- 相信你已完成處理哀傷的任務，最後一次說再見。
- 對於生命正要如何走，感到愜意和滿足。

再者，如果你是寡居的，你也可以確定你已完成哀傷，當你：

- 將結婚戒指從你左手的無名指除下來，並決定了要如何處置那戒指。
- 按你的價值準則，想到一個方法去處理你的性慾。
- 填表時，輕鬆選上單身一欄，並享受單身的好處。

處理哀傷的具體方法

◆ **處理哀傷**。評估你現在處於哪裏。哀傷並不是末路或死胡同。你**可以**走到另一邊，不再感受到那種激烈的傷痛。雖然你間中會有傷心的時候，但深切哀傷那種毀滅性的痛楚最終也會消逝。你可以再次對自己感覺良好，且對生命充滿熱誠。

◆ 要確定這傷痛已過去，倘若還未的話，就要認清是甚麼仍觸發痛楚。重新檢視各項處理哀傷任務中的活動和行為，看看哪個觸發你的傷痛。要繼續在那些範疇努力，直至它們不再令你傷痛。傷痛是一個標記，顯示你仍未完全康復。如果你在做某些事時，仍感到傷痛，那你可以再看第二章關於脱敏治療的部分。在做那些仍然令你痛苦的事時，你可以聽聽自己在那情境下對自己説些甚麼。確定要用一些正面的言詞，例如：「我記得我與〔名字〕幹這事時是何等快樂，我現在仍喜歡這活動，所以我現在會找些新途徑，繼續享受。」

◆ 當你經過哀傷過程時，要分辨出哪些現在會成為你「新正常」生活模式的一部分。你想有甚麼興趣、活動、義工時間或工作？這跟至愛離世前有甚麼相同或不同之處？

◆ 記下至愛離世及你的哀傷過程教曉了你甚麼。想辦法透過你所學習到的事物和你已成為怎樣的人，讓自己活得更加精彩。哀傷會改變你。你會在哀傷中成長——如果你使用它來幫助你成長的話。可能你會學曉欣賞身邊的小事，就是有人做錯，你也不再那麼容易受影響了。

◆ 記下你現在想要追求的東西。羅列出你的短期及長期目標，制定出一個具體的計劃，由一小步開始，慢慢再延伸至大步。

我們希望你意識到，雖然哀傷在你的人生旅程中是個漫長而困難的繞道，但是你不需要終生經驗這哀傷。辦理喪葬事情，為哀傷作健康的起始，然後持續處理哀傷，直至你到達一個滿意的終點。在評估你的進展時，你可以重看前面各章精神健康部分建議的具體方法，決定有哪些你仍要做的，並用之前「你知道你已哀傷完畢，當你……」清單，最後檢視一下。如果你都已跟從這些建議，不再因至愛離世感到傷痛，又經歷了至少離世後一周年（全部四個季節），你可能已準備好要宣布自己已完成哀傷旅程了（按你所能說）。

可是，即使你認為自己仍有一段漫長的路要走，才能完完全全地完成，也不要灰心。要記著，哀傷通常維持一至三年，有時更會需要多一點時間，才能走出繞道。你一旦說：「是的，我想我已哀傷完畢了！」然後，健康的處理手法就是，刻意告訴別人這個好消息。將你的顯赫成就「公諸於世」。可是，你也要記著，要走到哀傷繞道的終結，除了在情感上要作好預備，也要有堅定的意志，堅持哀傷完畢，投入新生活。

屬靈層面

繞道的盡頭——前面的新道路

> **羅馬書十二章2節**：「不要效法這個世界，只要心意更新而變化，叫你們察驗何為上帝的善良、純全、可喜悅的旨意。」

就我的哀傷旅程而言，我期待自己的信仰和信念系統會有甚麼轉變呢？我為自己生命選的「新道路」將如

何跟「舊道路」有所不同？

「繞道終止」這路牌似乎永遠不會出現。但它就在這裏。你似乎已待在單程的鄉郊路很久了，兩輛小貨車窄路相逢，把你困住，你覺得度日如年。雖然你很期望到達目的地，但卻沒有人在心急。他們似乎都不關心你的需要或計劃。但現在，在前頭就可放輕鬆了。前面繫起彩帶，你衝線後彷彿就要回到你原本的道路，而你也很想快點回到路上。

那個時間也會到你的哀傷繞道來。你可能彷彿經歷很多不如意的事情——那肯定會叫事情慢下來。但現在，你覺得自己快要完成了。將你的生命再次置於恆速操控器上，在生命的高速公路上更自在地飛馳，那會是怎麼樣的呢？

羅馬書十二章2節是一篇經典的篇章，講述如何每天過生活，這對你尤其合適，因為你現在在哀傷繞道的盡頭，已準備好要重新投入。這篇經文中給你警告、邀請和挑戰。

警告的意思就是要留心其中的陷阱。「不要效法這個世界。」縱然那可以代表很多東西，可是，對你來說，那特別是指到：「不要期望你的生命會突然回到你的至愛離世前那樣。」有些東西已經不一樣了——明顯地不一樣。其他人未必知道或明白你正面對的轉變。他們會期望你回到舊有的生活中。可是那不能發生。一些新東西將要取而代之。

邀請的意思就是改變你的想法——以不同的角度來反思你的生命和世界。上帝透過很多方法，給你一個機會去重新開始。這仿照舊約的「安息年」，那個時代，每逢禧年，所有債項得以還清，奴隸和被囚的人得釋放，田地亦歸回原有的主人（利二十五章）。上帝說：「是時候重新開始了。」祂今天就對你如此說。你當然不想這死亡發生，然而，你最終會發現，這是個滿載恩典的機會去突破框框，以及用嶄新創意的方法去重新投入在生命中。

那就是**挑戰**所在。我們一直都在說，即使與你親近的人離世了，上帝在你的生命中仍然有祂的計劃和目的。現在是時候更精確地找出這些計劃是甚麼了。這篇經文叫你察驗上帝的旨意。要記著，相信上帝不只是一個態度，那也是一個行動。你要**做**一點事去相信上帝。

同樣要留意的是，上帝的旨意有三個美妙的素質。上帝的旨意是**善良**的——它帶來有益的結果。上帝的旨意是**可喜悅**的——它滿足你的心和靈。上帝的旨意也是**純全**的——它永不會失落。那亦是為何耶穌教導我們這樣禱告：「願你的旨意行在地上，如同行在天上」（太六10）。時候到了，你要回到重整的人生旅程上，以一個全新及豐足的人踏上。你的主說：「相信我，相信我的旨意。你會發現它是善良、純全、可喜悅的。」

禱告：親愛的主，我知道我現在要開始經歷的新生命，是祢在我的哀傷繞道上作工的鐵證。雖然我在期間感到被遺棄和孤單，但我也來學習欣賞祢恩慈的臨在。當我現在開始尋求祢在我身上的心意時，使我更完全降服在祢的旨意下。幫助我在信心裏踏至更深之處。阿們。

所有人都到哪裏去了？

羅馬書十二章13節：「客要一味地款待。」

使徒行傳十章34至35節：「我〔彼得〕真看出上帝是不偏待人。原來，各國中那敬畏主、行義的人都為主所悦納。」

我與別人的關係有所改變，尤其是在我的社交圈子和信仰羣體中，我該如何處理？我怎樣以一個重新的方式再投入我的信仰羣體？

當你繼續處理你的哀傷，並開始接近繞道的盡頭時，出人意外的事往往會發生。你開始會發現，你跟朋友的連繫（或他們跟你的連繫）已經改變了。改變可以是以下三個方向之一：你們的友誼可能更親近和親密。你們的關係可能因為哀傷旅程而進深了。另外有些關係，可能會疏遠、削弱、甚至全然結束。或許你跟一些人交朋友，大都是因為你已逝的至愛。現在，你與那些人的共通點就相應減少了。第三件會發生的事，就是你會歡迎一些新朋友進入你的關係圈裏，那可能是你在哀傷旅途上認識的。

當你開始更細心思考你的關係，要記著，聖經常常鼓勵我們要開放朋友圈子。保羅說：「客要一味地款待」（羅十二13）。使徒彼得看見異象，有一物降下，好像一塊大布，內中有一切動物的肉，上帝吩咐他宰了吃。他是個謹守猶太教規的猶太人，所以拒絕吃這些舊約律例禁吃的肉類。然而上帝說：「上帝所潔淨的，你不可當作俗物」（徒十15）。彼得後來解釋：「我真看出上帝是不偏待人」（徒十34～35）。當你哀傷時，看人可能會不一樣。你會決定要擴大你已建立——甚或是封閉——的朋友網絡，從而看見上帝希望你將社交圈子的前門打開，歡迎所有人內進。

那麼，當這些變幻莫測的關係來到時，你可以怎樣具體祈求和經營呢？首先，祈求恩典與洞察力，去接受某些人無法跟你像從前一樣親近。那會令你感觸。你當然可以跟他們談談，但若這段關係繼續淡化，要記著，不是所有友誼（即或在一般情況下）是可以一生一世的。

第二，為這段關係祈禱，並且努力維繫，使它能夠繼續下去。有意義的關係乃在於你們雙方願意在更深入的層面溝通。聖經鼓勵我們進入那種深層次的關係，催促我們要互相代求、彼此鼓勵，甚至互相寬恕。

第三，禱告並致力發展新的友誼。這可能是與一些跟你有類似經驗的人。你可以與他們走在一起，他們也曾在各自的悲慘中經歷基督的安慰。

最後，祈求基督自己成為你更親密的朋友。花時間在祂的話語、禱告、及奉祂的名的服事之中。當我們盼望你有信心，就是基督會叫你已死的至愛在祂裏面有新生命，我們希望你也有信心——基督會叫你在世上有「新」生命。

禱告：親愛的主，我現在感到哀傷，不單是因為失去我的至愛，更是因為我一些關係的改變。然而，我要感謝祢，因為那些人用他們的愛和支持圍繞我。祢透過這些與我親近的人，給予我力量。我也學習到，祢是遭遇患難者的朋友。幫助我繼續在我的信仰羣體和社交網絡中尋著自己的位置。又幫助我出去，成為別人的朋友。阿們。

拿起你的褥子走吧

約翰福音五章2至9節：「靠近羊門有一個池子……裏面躺著瞎眼的、瘸腿的、血氣枯乾的許多病人……在那裏有一個人，病了三十八年。耶穌看見他躺著，知道他病了許久，就問他說：『你要痊愈嗎？』病人回答說：『先生，水動的時候，沒有人把我放在池子裏；我正去的時候，就有別人比我先下去。』耶穌對他說：『起來，拿你的褥子走吧！』那人立刻痊愈，就拿起褥子來走了。

哥林多後書一章3至4節：「願頌讚歸與我們的主耶穌基督的父上帝，就是發慈悲的父，賜各樣安慰的上帝。我們在一切患難中，他就安慰我們，叫我們能用上帝所賜的安慰去安慰那遭各樣患難的人。」

渴望完成哀傷過程，對結果有影響嗎？當我在日常生活取得新的進展時，怎樣也能找到我在基督裏的新目標？

在畢士大池邊那關於癱子的故事中，我們覺得最有趣的，是耶穌問他的第一個問題：「你要痊愈嗎？」（約五6）這是何等愚蠢的問題啊！我們都想為他喊叫：「當然！我已厭倦生病了！我也不想再嘗試了！」不過，這問題或許並不如字面上聽來那樣。我們可以怎樣好好地説這話呢？有些人已經與病患並存。他們都習慣了——這就是他們惟一認識的生命，而且他們似乎不願意去冒險接受挑戰。對於正在哀傷的人也是一樣。他們不禁以為哀傷給他們定義，或者他們希望過去與死者的關係給他們定義。這樣，就永遠無法經過哀傷。他們認為自己不能夠，又或是他們某部分並非真正願意，因此他們下了決定，不願放開。他們可能會感到焦慮，所以停滯不前。

同樣，這對你來説也是一個好問題。**你**要痊愈嗎？**你**想要脱離哀傷，進入新生命嗎？這樣的話，你要面對很多挑戰，而第一個就是，重新一次給自己定義。當你的至愛離世時，你被自己和其他人視為一個哀傷者。有一段不短的時間，你可能已被哀傷包圍——一天二十四小時，一星期七天。你有「哀傷者」的身分，就好像那坐在池邊的人。他一部分很希望進到水裏，可是他卻從來沒有那種力量和能力獨自完成，又找不到任何人去幫助他。所以他就只好坐在那裏三十八年！

現在耶穌以同樣的問題來到你面前。你要痊愈嗎？你要嗎？要小心回答，因為若你答是的話，那會有另一個挑戰。在重新給自己定義的同時，你現在要做些其他事。「拿起你的褥子走吧」，曾經是耶穌對癱子的命令。對你祂可能會說：「起來，投入生命吧。」時候到了，你不但要對至愛說再見，也要和哀傷道別。將你的哀傷留在過去。記著它。從中學習。然而，藉著工作和信仰，你就從過去的限制中釋放出來，使你可以真正起來行走！

第三個挑戰就是，要處理別人對你新生命的反應。雖然有很多人會為你高興，但也有些人會質疑或挑戰你。癱子很可能要面對那些不相信的人。「你不一樣了」，別人可能會這樣說。當你感到新能量在體內流過，你會參與不同的興趣和活動。「你如何能從至愛離世中恢復過來？」他們或許會問。他們以為「你會終生哀傷」。

而奇迹就正正在於這樣說：「不，不是的。我可以**經過**我的哀傷，是因為我不迴避、不逃走，而是正面的面對。那就可以得著醫治。如果我在過程中與上帝同工，祂就能賜我一個新生命。」就像那癱子會紀念他多年來在池邊的日子，你也會紀念你與至愛一起的時間。你能夠想起你的哀痛。然而，你仍然能夠藉著基督醫治的大能，最終起來行走。

然後，使徒保羅再加上一個挑戰。他說，由於你有痛苦的哀傷經歷，你有更多的同理心明白他人，從而更有效地安慰他們。當其他朋友、教會的朋友、或家人因喪失至愛而感到難過，你也可以是其中一員去陪伴他們，安慰他們。

醫治癱子的奇迹是即時而戲劇性的。而醫治你的哀傷這奇迹會是一個漫長的過程。然而，要聽主輕聲說：「你要痊愈嗎？」盼望你的答案每次都更堅定：「要呀！」

禱告：聖父，我的祈禱是，我要選擇靠祢的幫助經過哀傷。當我開始重新投入在生命中，請指引我，叫我在現有的關係中，以及生命方向上，取得新的方向。更重要的是，幫助我尋回我在祢裏面的盼望。因為我知道，惟有祢是那位可以完全更新我力量的。阿們。

7

帶著孩子走過哀傷旅程

精神健康層面

在你哀傷的時候，幫助孩子處理他們的哀傷

雖然撫養孩子長大成人是個美妙的經驗，但那卻不代表在過程中沒有挑戰。尤其當父母自己為痛失至愛而哀傷，孩子也同樣受到那死亡影響。還記得你的孩子坐在後座時曾經問你：「我們到了嗎？」你駕車時，有責任專注在繞道，同時處理孩子的不耐煩和苦悶。而處理哀傷的挑戰就變成在哀傷繞道上的雙程路，因為你要幫助孩子處理哀傷，同時處理自己的哀

傷。可是，有些時候，你的孩子就是你繼續前行的原因，因為你**需要**照顧他們。

為了讓你更清楚明白你怎樣可以同時處理自己和孩子的哀傷，我們將會討論一些涉及孩童、少年和青年哀傷的大前提。它們提供了一個根基，讓你能支持孩子之餘，又在哀傷繞道上得幫助。

認識較年幼孩子對死亡和哀傷的認知

孩童與青少年的哀傷方式跟成年人不同。原因只有一個，就是他們可以參考的人生經驗比較少。很多其他人口統計的因素或環境也會影響他們的反應。他們的智慧發展未至成熟，因此對死亡的認識亦未完全發展。要留心：

- **兩歲或以下的兒童**沒有死亡的概念，時常會模仿最親近地照顧他的人。如果這人常常哭泣，又時常不在，那麼嬰兒就會變得纏人，而且不願按照日常習慣而行。

- **三至五歲的兒童**不明白死亡是永遠的。他們可能會期待，已死的人很快就會回來。成年人有時會說那人「去了」或「不見了」，孩子就會認真地理解這些詞語。他們以為那人會回家或被找回。這個年紀的小朋友會以為，自己的願望是既有能力又神奇，可以叫事情發生。這亦能解釋到，如果小朋友不喜歡死者，或曾經希望那人會離世的話，小朋友會感到很內疚或後悔。
- **五至八歲的兒童**視死亡為實際的東西，與某些原因有關連，例如是他離世是因為他十分十分十分病重、傷重或年老；或者他們相信鬼魂、怪獸、妖精或黑暗都在死亡這事上扮演一定的角色。
- **八至十二歲之間**的兒童開始明白，死亡是每個人必經的一個階段。可是，由於他們還是很年幼，所以從沒想過這麼快會接觸死亡。他們最關心的，往往是這死亡如何影響到他們日常的生活，以及素常得到的照顧。

認識青少年和少年的哀傷

- **由青少年時期開始（介乎十三歲至十九歲）**有能力明白死亡於將來的意義及其抽象的層面，例如明白自己過往對那人曾有過的盼望和夢想，統統都完結了。這個年紀的青少年，總愛以自我保護作掩飾，這正好與他們普遍以為自己在任何事上——包括自己的死亡——都永不朽壞、刀槍不入這信念不謀而合。
- **二十多歲的青年人**在理性上明白甚麼是死亡，卻可能感到被懾服，因為他們首次經歷親人離世，受到失去親人的情緒衝擊。可是，在這個年紀，他們往往被愛情和事業佔據，在哀傷的時候就轉移了他們的視線。

協助兒童和少年人處理哀傷的原則

家庭中有人離世，兒童和少年人會憑著他們的觀察，得知有些不好的事發生了。他們感到懼怕，不知這究竟意味了些甚麼。死亡可以牽涉失去許多的關係。如果父親離世，一個八歲小孩就會想，誰會作足球隊的教練呢？正值青少年期的女兒在母親離世後，可能會說：「不好了！誰會幫助我解決那些少女心事呢？」倘若祖父母時常花時間聆聽孫兒，跟他們玩耍，那麼，祖父母死後，就自然更少戶外活動了。或者最喜愛的姨姨、叔叔去世，又或要好的朋友離世，都會為那些常在一起的日子劃上句號。

失去至愛是令人極其痛心的一件事。兒童與少年人會按種種個人因素，以不同的方式經歷哀傷。有時，成年人會犯上一個錯誤，以為孩子沒有感受，就置之不理——尤其是當他們年紀太小，不懂表達，又或他們把感受藏在心裏。你千萬不要犯上同樣的錯誤。

兒童和少年人往往會把哀傷拖延，直至他們感到父母或其他重要的人漸趨穩定，並已處理大部分的哀傷。他們不想加重成年人的壓力，令其無法提供安全感和支持。而且，成年人的壓力增加，也削弱了他們處理自己哀傷的能力，能夠給孩子的自然更加少了。

成年人會連續及強烈地經歷哀傷，而兒童、少年及青年人則大多會偶爾或間斷地感到哀傷，因為他們同時要面對一連串的成長問題、壓力和困惑。哀傷對他們來說是個較長的過程，因為他們主要集中於日常的個人、教育或社交需要。可是，有時遇上一些特別事件（例如是運動賽事、學校活動、假期或特別節日）而已逝的至愛不在的話，他們就會經歷突如其來的哀傷。如果你是父母，就要留意，你的孩子（不論是在幼年、少年或青年階段）可能不會持續哀傷，甚至可能好長時間也表現得若無其事，似乎不受這死訊影響。相對於成年人而言，他們在哀傷旅途上，更常會經歷這種哀傷—復原—哀傷的過程。

如果你因為你的小孩和少年人沒有外在表達他們的哀傷，而覺得擔心，就檢視一下他們有沒有完全否定自己的哀傷。問問他們有否想起已離世的人。同時也要提醒自己，成年人經歷的哀傷與兒童和青少年經歷的哀傷截然不同。

要記著，小孩、少年和青年人可能只是第一或第二次經歷痛失至愛。這是他們的新地域，或許既困難又痛苦。這可能是他們首次在情感上知道所有人真的都有一死（有時甚至是較年青的人），而且這可以是發生在他們的近親之中。當少年人醒覺自己和所愛的人並不可免於死亡、不是無堅不摧，也不是住在保護罩內，他們尤其會感到震驚。死亡的確也發生在他們的生命中——不僅是在其他人身上。

就像青少年會從他們父母身上學習交通規則，知道如何走繞道，同樣，他們也會從父母身上學習到如何處理生命中這哀傷的繞道。如果你有正在哀傷的孩子，要讓他們知道，哭泣、傷感、談論已死的人，這些都是沒有問題的。說說你懷念和不懷念那人的甚麼。讓他們知道，在哀傷期的某些時候，他們會不想做任何事，因為他們似乎被擊倒，失去目標。這在短期是沒問題的，但要幫助他們明白，他們始終要面對自己的哀傷。我們希望透過你的哀傷過程，可以樹立一個榜樣，闡明如何健康地處理哀傷。

小孩、少年和青年人同樣需要使自己的感受和關注合理化。給他們一個信息，知道自己這樣的感受是沒問題的。這亦意味著，你不能保護你的兒女，免他們受苦，或把事情都弄妥。讓他們學習，嬲怒、內疚、後悔，甚至是百感交雜都沒有問題的。教導他們如何表達及處理那些感受。如果你可以不偏不倚，支持他們、聆聽他們，又幫助他們明白哀傷的種種，那麼對孩子來說，你就是一份禮物。

了解在哀傷繞道上的兒童和青少年有甚麼特點，又要知道何時要向哀傷輔導的專業機構求助。當兒童或少年人有自殺的想法，而且有具體計劃要付諸實行，就已達非常嚴峻的地步。雖然他們可能感到很想了結生命，甚或希望與那人同死，但他們**並沒有**打算作出行動，那就與主動尋死有些分別。在某人死後，有尋死的念頭，其實並不意外。但要直接問問小孩或少年人，那究竟是一瞬即逝的想法，不會有實際行動，抑或會構成認真的威脅，如果是後者的話，就要盡快為他或她求助。

另一個尋求輔導的原因，是當你的小孩或少年人遇到學業上的問題。在巨變以後，大約有兩成兒童和少年人會無心向學。他們會難以集中、專心，或找不到理由要讀書。要留心有沒有出現其他問題，諸如酗酒或濫藥、誤用食物或自毀，企圖藉以減輕痛楚。連綿不斷的內疚和自責，會引發那些自毀行為。再者，留心孩子有沒有激動地發洩怒氣，是否粗暴待人，表達嚴重的不安或恐懼，身體一直出現毛病，持續未能正面談論死者。很多時候，能夠幫助兒童或青少年重回健康正途的，就只是一位精神健康專家的評核或隨後的輔導而已。治療師通常會用傾談治療或遊戲治療，持續數節，再視乎那青少年的需要，間歇性跟進。

透過哀傷的過程，給小孩或少年人你無條件的愛與同在，而且承諾會以各種方法幫助他。盼望當他們每年漸漸長大，他們會更意識到，自己需要更主動的處理哀傷。當孩子在知識上漸漸成熟，他們會提出新的問題，對痛失至愛有不一樣的看法，而且想要與父母或其他成人再討論過去彷彿已解決的事情。再次考究這些問題，回想死亡是如何發生（或許是許多年前的），以及憶念關於死者的一切，是十分重要的。在隨後的理性層面，兒童和青少年能分析資訊，處理之前未能處理的哀傷。目的當然是讓他們從哀傷的創傷中得著醫治，而且為到過往與已逝至愛一起的時間而感到可喜。

屬靈層面

強盜？殺人兇手？

約翰福音三章16節：「上帝愛世人，甚至將他的獨生子賜給他們，叫一切信他的，不致滅亡，反得永生。」

我怎樣可以幫助孩子明白上帝在死亡和哀傷中的角色？雖然上帝察覺他們的至愛要死了，但祂卻不是強盜，也不是殺人兇手。這個他們能理解嗎？

成年人在理解上帝於惡事中的角色固然有一定困難，然而，對小孩而言，就更是荒謬絕倫。那位愛他們的耶穌，怎麼會容讓祖父或媽媽死去呢？「耶穌愛我，我知道」，是許多小孩在年幼時就學習唱詠的。可是，當他們家中有人離世，或他們其中一個友人死亡，一切問題就接踵而來：「為甚麼耶穌容讓這事發生？」「我以為祂愛我和我的家人。」即使他們知道上帝可以做任何事，他們未必明白，上帝**容讓**這事發生，並不代表祂直接**導致**這人死亡。

幫助你的孩子明白，上帝在死亡中的角色，在聖經教導裏有兩個重點。第一點是處理「後果」。你可能想用個例子——當他們不服從某些警告，例如「不要碰煮食爐的爐頭」。若他們不理會警告，就會有自然而然的後果。雖然他們不聽勸告時你會感到失望，但他們（不理你的勸告）碰到爐頭而弄傷手指時，你仍可以表示關懷。你根本不想他們這樣做，況且，實在不是你燒傷他們！他們受傷是不聽你忠告而去碰熱爐頭的必然結果。

當上帝告訴亞當和夏娃不要吃分別善惡樹的果子，祂也是給他們類似的警告。如果他們吃那樹的果子，就會有無可避免的後果。雖然上帝不想他們吃那樹的果子，但祂也不會像個殺人兇手般殺害他們。死亡（如燒傷你的手指）是他們行動後的必然結果。

第二點是，其實上帝創造我們時，可以把我們造成機械人一般，以致祂可以控制我們所有的選擇，那麼我們就永遠不會犯錯。但祂並不是那樣造我們。祂希望我們**選擇**去愛祂和服從祂，因為選擇祂的話，就顯示了那是出於我們自己的意思去愛祂。如果祂強迫我們做所有祂所希望的，那麼只可以證明祂可以掌管一切，而那是我們早就知道的。因此，上帝創造亞當和夏娃，給他們有自由意志可以自願選擇跟隨祂。之後故事的結局我們都知道了。罪一旦進入了世界，上帝就沒有其他選擇，只有維持公義，執行之前祂曾發出的警告。所以，上帝並非像個殺人兇手般**導致**死亡，也沒有像個強盜般取去我們至愛的生命，反倒是**容讓**那事的發生，如祂曾經說過，若我們不順從的話，祂就要那樣做。

透過亞當和夏娃的行動，我們就是集體違抗上帝的警告，於是死亡就是結果。然而，故事並沒有在這裏完結。這只是個開始。上帝大有能力，於是採用另一個計劃，透過祂的兒子拯救我們。祂實行這計劃，以致只有我們的肉身會死亡，而我們的靈魂將在天堂與上帝一起。如果你的孩子以為上帝取去他們的至愛（強盜！）或導致那人死亡（殺人兇手！），那麼幫助他或她明白餘下的故事。上帝既不是強盜，也不是殺人兇手。祂是我們的救主。

禱告：親愛的父，孩子的朋友，幫助我的孩子明白祢真正慈愛的屬性。幫助他們看到，祢是我們問題的答案，而不是根源。給我們有信心，看見即使在最差的情況——亞當夏娃的不順從——也能透過基督的愛得勝。幫助我們也勝過自己的哀傷。阿們。

聽一聽，然後清楚地說出來

馬太福音十八章3至5節：「我實在告訴你們，你們若不回轉，變成小孩子的樣式，斷不得進天國。所以，凡自己謙卑像這小孩子的，他在天國裏就是最大的。凡為我的名接待一個像這小孩子的，就是接待我。」

馬可福音十章13至16節：「有人帶著小孩子來見耶穌，要耶穌摸他們，門徒便責備那些人。耶穌看見就惱怒，對門徒說：『讓小孩子到我這裏來，不要禁止他們；因為在上帝國的，正是這樣的人。我實在告訴你們，凡要承受上帝國的，若不像小孩子，斷不能進去。』於是抱著小孩子，給他們按手，為他們祝福。」

我可以怎樣解釋給孩子知道耶穌在我哀傷時作過甚麼？我可以怎樣用健康的方法去跟孩子談上帝、死亡和至愛呢？

「媽，你為甚麼哭？爸怎麼了？」「我們何時才會再見到祖母呢？」「甚麼是死了？」「這要多久呢？」「耶穌不再愛我們嗎？」當孩子發現在家庭中發生了一些可怕的事情，這是某些他們會問的問題。

對十三歲以下的孩子和少年人而言，由於對死亡的不安與表達自己的感受兩者之間有很大的鴻溝，所以抽離和沉默可能佔據四周，情況難堪。他們總含糊地說「不知道」，聳聳肩，說：「不要再靠近了——我不想你在這裏！」或「這實在太傷痛和煩惱了。我現在甚麼也不想理會。」

聖經常常有提及小孩，尤其是在耶穌的生平和傳道生涯中。有兩篇經文馬上浮現腦海。一篇是耶穌告訴門徒説，小孩沒有騷擾祂。小孩也需要像大人那樣，多親近耶穌。第二篇是當耶穌説，我們全都要像小孩一樣，才能承受上帝的國。很明顯，對基督來説，小孩子是寶貴的。我們需要刻意花時間去聆聽他們、明白他們説些甚麼，以及解答他們的問題。還記得約伯的朋友嗎？他們坐著聆聽時，表現支持，**直至**他們開始提意見，而這實在是多此一舉。有一個金科玉律，就是多聽而少説，這對兒童和青少年尤其奏效。

在處理你自己的情緒需要時，又要兼顧孩子的需要，是相當困難的。有時會像玩雜耍。你的孩子可能會表現出來、哭泣、或抽離。他們受傷了。那麼，甚麼才是最健康的方法，讓你在自己哀傷之餘，也能幫助他們處理哀傷？

耶穌在這些經文中，告訴我們兩件具體的事。第一，不要草草打發他們或不理會他們。當門徒這樣做，耶穌非常憤怒。第二，要衷心歡迎他們。跟他們對話。幫助他們建立信心，幫助他們明白如何以基督徒的身分哀傷。

你一旦與他們打開了話匣子，重點幫助他們處理靈性上的問題。上帝究竟在哪裏呢？為甚麼祂容讓這事發生在我們身上呢？這是否做了錯事的懲罰呢？死了的人現在到了哪裏呢？我會在天堂看到那人嗎？這些問題只是孩子擔心或希望知道的東西的起首。開誠布公地談論，用真誠的回應來給他們肯定。他們就會明白，自己的關注是正常的，而當他們想談論自己的哀傷時，你就是個安全的地方讓他們傾心吐意。

我們相信，這就是耶穌的意思——當祂鼓勵人們要歡迎小孩子，就是那個意思。而最困難的地方是，在你哀傷的時候仍要那樣做。孩子相信你會幫助他們明白關於死亡和上帝的真理。反過來，他們也可以做個榜樣，讓你看到如何有像小孩般的信心，相信上帝照顧你整個人，使你的生命美好一點。所以，即使在哀傷之中，也要去接納哀傷的孩子，在過程中感受上帝極豐盛的恩典。

禱告：謝謝祢，慈愛的父親，因為祢透過孩子的榜樣，讓我更清楚看到我應該如何信靠祢。請祢幫助我，以致我可以正確地向孩子闡述祢對我們奇妙的大愛。我依靠祢得支持，就如小孩依靠父母一樣。我是祢的孩子。祢屈身把我抱進祢的懷中。阿們。

小孩的天國觀

約翰福音十四章3節：「我若去為你們預備了地方，就必再來接你們到我那裏去，我在哪裏，叫你們也在那裏。」

啟示錄二十一章1至2、10至11節：「我又看見一個新天新地；因為先前的天地已經過去了，海也不再有了。我又看見聖城新耶路撒冷由上帝那裏從天而降，預備好了，就如新婦妝飾整齊，等候丈夫……我被聖靈感動，天使就帶我到一座高大的山，將那由上帝那裏、從天而降的聖城耶路撒冷指示我。城中有上帝的榮耀；城的光輝如同極貴的寶石，好像碧玉，明如水晶。」

我該怎樣清楚扼要地向孩子解釋死亡和天堂，是可信而真實，不像童話故事那樣呢？

「很久很久以前，在一個遙遠的國家，樹林中有一座大堡壘，住著一個可愛的小公主……」童話故事一般都是這樣開始的。孩子有豐富的想像力，很容易能接受哈利波特叢書中會說話的動物、白馬上英勇的戰士、以及神祕飲劑。童話故事往往也會牽涉一些爭鬥或戲劇。這少女生活在悲痛之中，直至英雄來拯救她。然後他們從此快樂地生活。

啟示錄最後的篇章有點像經典的童話故事。事實上，整本聖經就以「很久以前，在一切都未存在以先，上帝創造天地」起首。就像在童話故事一樣，亞當與夏娃住在樂園。可是，有些可怕的事發生了。我們人類（像童話故事中的少女）被丟進「悲痛」之中。英雄——耶穌基督——一定會來拯救我們。而當基督回來時，我們必要從此歡喜快樂地生活。

孩子們又怎樣分辨一個故事是虛構，而另一個則是全宇宙中的真實故事呢？這並不是看來那樣困難的。很少兒童到了青少年期，還相信聖誕老人或復活兔是真實的。他們最終會視那些為節日的代表人物。然而，盼望他們聽到的另一個信息是，耶穌的故事是千真萬確的。在我們看米路吉遜（**Mel Gibson**）的電影《受難曲》（***The Passion of the Christ***）時，快完場時有人站起來，面向觀眾，大聲說：「請大家明白，這電影不是虛構的。這並不只是個故事。這的的確確發生了。耶穌是真實的！」

如果孩子知道我們真心相信耶穌是真實的，那麼他在天堂的家也必然是真實的。我們不能在這裏看到天堂，其他人也不能從那裏回來。多麗絲．斯蒂克尼（**Doris Stickney**）寫了一本有用的小書，名為《水蟲與蜻蜓》（***Waterbugs and Dragonflies***），幫助兒童去明白這一點。[6] 這個故事幫助孩童看到，在這世界以外，還有另一個現實（天堂）是水蟲不能進去的，它要變成蜻蜓才可以進去。基督徒當然可以把聖經中美妙的應許加入故事。天堂是一個我們在死後會到的領域，在這以前是無法到達的。

當至愛離世，而孩子問起關於天堂的事，我們認為最重要的，是向他們確定四件事。**第一**，向他們確定，天堂是一個真實的地方。那不是奇幻世界——不是在虛構的地方中的一座幻想堡壘。天堂是上帝的家。這是耶穌居住的地方。

第二，向他們確定，基督徒要去這真實的地方，因為耶穌在復活後就往那裏去，為**他們**預備地方去（約十四3）。

第三，讓他們知道，這地方與別不同，我們真的不能在這裏看到它，而那些已到那裏的人，就不會回來了——永永遠遠。然而他們還好！他們不再傷心、生病、軟弱、寂寞或害怕（啟二十一4）。

最後，讓他們知道，我們基督徒死後全都要到天堂。在天堂已為我們存留很多住處。所以，即使我們在世很長很長的時間，上帝在為他們和為你預備的房門上，仍會掛上已留位的牌子。

禱告：親愛的主，我很難想像到天堂是怎樣的。祢是全能的主，祢的大能遠超我們所能想像，我感謝祢，因祢幫助我在生命中找著平安和方向，然而我仍渴望在祢永恆的家裏與祢相遇。願我能夠使我的兒女知道這特別地方的莊嚴宏偉；這地方是為我們世上的生命完結後預備的。阿們。

8

繞道的盡頭——到哀傷的那邊去！

在繞道過後，最終回到大道，我們往往會舒一口氣。繞道已經完結了。你回到計劃的道路或另一條更好的路。可是，當你的哀傷繞道到了盡頭，你就無法回到跟你舊有完全一樣的道路上去。要記著，有舊的（過去的）平常，沒有至愛在身邊時，也有新的（現在的）平常。毫無疑問，你離開哀傷繞道時，就更意識到，你並沒有與至愛一同離世。他或她自己完成旅程。你仍然生存，而且仍有餘下的人生在你面前。雖然你未必知道前面有些甚麼，但盼望你認識到有些美好又特別的東西在等待你。盼望你現在認識並相信，以你獨特的長處，你與至愛同樣是個寶貴的人。你與他或她的價值是相等的。你的至愛已完成了在世的生命，或長或短，而你的生命卻仍未完結。你還有更多的時間。你要好好善用。事情的關鍵在於，你有責任使自己活得有素質，而且正直不阿。從人的角度來說，生命就是一段你要獨自完成的路程。

因此，你還是那個進入繞道的人嗎？我們會說：「當然不是！」就像海浪衝擊、打磨石頭，哀傷同樣會使我們的一些稜角變得平滑。在我們所知的各樣事情中，哀傷最能叫人成長。它叫人重新整理優先序和生命價值。它幫助我們欣賞生活微小事情，小孩玩耍，大自然的美好。它常常減低我們對自身死亡的恐懼，因為我們已與至愛走過這段路，經歷過他或她的死亡。

對我們大部分曾走過這哀傷繞道的人，所學得的功課是寶貴的，是永不能忘懷的。雖然它們未必完全等同你所付出的，但你在事情中並沒有選擇權，而且你也不會自願選擇再來一次。至愛的死亡迫使你違背意願走上繞道。然而，我們都知道，死亡最終要臨到我們每一個，包括那些我們親愛的人。死亡是醜陋的！但哀傷卻給我們機會成長。回想你在經歷這極其難過的痛失至愛及哀傷經驗中得著的智慧。我們盼望這本小書——這經過哀傷的路線圖——在你學習於至愛死後重過新生的同時，可以幫助你健康地走過哀傷繞道。

蘇珊·索納貝爾提，註冊護士，教育博士

羅伯特·德弗里斯，教牧學博士，哲學博士

2006年5月

註釋

1 Susan J. Zonnebelt-Smeenge and Robert C. DeVries, *The Empty Chair: Handling Grief on Holidays and Special Occasions* (Grand Rapids: Baker, 2001), 17.

2 Stephanie Ericsson, *Utne Reader* 47 (Sept.-Oct. 1991): 75~79.

3 任務理論其中一個最早及最清晰的表達，見於J. William Worden, *Grief Counseling and Grief Therapy: A Handbook for Mental Health Practitioners*, 2nd ed. (New York: Springer, 1991), 10~18.

4 把詞語 DEER 最先提議給我們的，是Billie Humphrey, Aftercare Coordinator, K. L. Brown Funeral Home and Crematory, Jacksonville, Alabama.

5 Charles A. Corr, Clyde M. Nabe, and Donna M. Corr, *Death and Dying, Life and Living*, 3rd ed. (Belmont, CA: Wadworth, 2000), 3.

6 Doris Stickney, *Waterbugs and Dragonflies: Explainng Death to Young Children* (Cleveland: Pilgrim Press, 2004).

靈修著作精選

重整靈性生命，陶冶完善人格。

我們與（不）信的距離——默想聖經6個不完美的聖徒故事

黃嘉樑 著／HK$78

跟從耶穌，每一步都是歸心之路——盧雲給焦慮時代的6堂心靈課

Following Jesus: Finding Our Way Home in an Age of Anxiety

盧雲 (Henri J. M. Nouwen) 著／黃大業 譯／HK$78

祢已將哀哭變為跳舞——在時艱中尋找盼望

Turn My Mourning into Dancing: Finding Hope in Hard Times

盧雲 (Henri J. M. Nouwen) 著／黃大業 譯／HK$78

盧雲靈思集 · 生命中的蒙愛時刻

A Spirituality of Living

盧雲 (Henri J. M. Nouwen) 著／黃大業 譯／HK$58

盧雲靈思集 · 歸心，歸回上帝的時刻

A Spirituality of Homecoming

盧雲 (Henri J. M. Nouwen) 著／黃大業 譯／HK$58

盧雲靈思集．關顧，傷癒時刻
A Spirituality of Caregiving

盧雲 (Henri J. M. Nouwen) 著／黃大業 譯／ HK$58

帶著眼淚帶著微笑，在信仰的愚拙中經歷上帝——
盧雲給不安時代的 4 堂屬靈操練課
Clowning in Rome: Reflections on Solitude, Celibacy, Prayer, and Contemplation

盧雲 (Henri J. M. Nouwen) 著／黃大業 譯／ HK$78

一花一天國——默觀的動念與操練
Just This: Prompts and Practices for Contemplation

羅爾 (Richard Rohr) 著／黃大業 譯／ HK$78

詩篇心禱：用最真實的自己面對上帝——從詩篇學禱告的 12 堂課
Psalms: Prayers of the Heart (A LifeGuide Bible Study)

畢德生 (Eugene H. Peterson) 著／黃大業 譯／ HK$78

佈道靈旅—— 52 天腓立比書靈修之旅

鄺偉志 著／ HK$78

歸心祈禱——與上帝親密之旅

張琴惠 著／ HK$83

歸心祈禱的操練——與上帝親密同行 40 天
Forty Days to a Closer Walk with God: The Practice of Centering Prayer

大衛．邁思勤 (J. David Muyskens) 著／陳群英 譯／ HK$88

復興，與你所想的不一樣——撒迦利亞書給這時代的 12 個信息

羅慶才 著／HK$78

禱告操練 7 堂課——學習主禱文

羅慶才 著／HK$68

敬虔操練 13 課

羅慶才 著／HK$78

生命成長 17 課——學習聖靈果子和八福

羅慶才 著／HK$68

靈命操練禮讚（新譯版）
Celebration of Discipline: The Path to Spiritual Growth

傅士德 (Richard J. Foster) 著／黃大業 譯／HK$98

我一直以為，人生是這樣走的——為生命重新導航
Breaking the Idols of Your Heart: How to Navigate the Temptations of Life

艾倫德 (Dan B. Allender)、朗文 (Tremper Longman III) 著／
李小釧 譯／HK$98

敢於跟隨主

鄧瑞強 著／HK$58

凡事信靠：詩篇二十三篇
Trusting God for Everything: Psalm 23
簡 · 約翰遜 (Jan Johnson) 著／李小釧 譯／ HK$68

與上帝同行的生命旅程
Living in the Companionship of God
簡 · 約翰遜 (Jan Johnson) 著／李小釧 譯／ HK$68

禁食，讓身體説話
Fasting
麥克奈特 (Scot McKnight) 著／陳永財 譯／ HK$88

感恩
Uncommon Gratitude: Alleluia for All That Is
羅雲 · 威廉斯 (Rowan Williams)、卓滌娜 (Joan Chittister) 著／陳恩明 譯
HK$83

禱告不是偽術——返璞歸真的祈禱
Prayers Plainly Spoken
侯活士 (Stanley Hauerwas) 著／禤智偉 譯／ HK$68

與潘霍華一同默想主的降生—— 41 天靈修之旅
God Is in the Manger: Reflections on Advent and Christmas
潘霍華 (Dietrich Bonhoeffer) 著／陳永財 譯／ HK$78

學作主的門徒——與潘霍華一同靈修 40 天
40-Day Journey with Dietrich Bonhoeffer
羅恩 · 克盧格 (Ron Klug) 主編／李金好 譯／ HK$78

緊扣時代　服事教會

以文字傳揚基督真道

讀者意見表

衷心多謝你購買本社書籍。本社一直致力以出版事工服事教會，幫助信徒扎根於神的話語，促進靈命增長。為使我們的出版更能滿足你的需要，請填寫下列各項資料，並寄回或傳真予本社。

所購書籍：__________

本書最吸引你的地方：

☐作者　☐適切性　☐文筆　☐設計　☐實用性

☐其他：__________

購買本書地點：

☐基道書樓　☐基督教書店　☐非基督教書店

性別：☐男　☐女　職業：__________

信仰：☐基督徒　☐非基督徒

年齡：☐ 16 歲或以下　☐ 17～25 歲　☐ 26～35 歲
☐ 36～55 歲　☐ 56 歲或以上

學歷：☐中三或以下　☐中五　☐預科
☐大學　☐研究院

☐我欲更多了解基道出版社的事工及考慮支持，請寄給我下列資料：

☐機構簡介　☐新書資料　☐基道會員通訊

☐《基道文字事工通訊》

姓名：__________ 電話：__________

地址：__________

____

傳真：__________ 電子郵件：__________

其他意見：__________

____

多謝賜教！

意見表可以傳真（2687-0281）或直接郵寄以下地址：
香港沙田火炭坳背灣街26號富騰工業中心1011室
基道出版社編輯部收